ОГЛАВЛЕНИЕ

2 **1** ВВЕДЕНИЕ	18 **6** КУПОЛ	32 **11** КОРИДОРЫ
4 **2** ИСТОРИЯ	22 **7** ЗАЛ СОКРОВИЩ	34 **12** ВТОРОЙ И ТРЕТИЙ ЭТАЖИ
6 **3** ВОКРУГ МУЗЕЯ	24 **8** ЗАЛ РЫБНЫЕ ЛАВКИ	36 **13** ЗАЛ ДВОРЕЦ ВЕТРА
10 **4** ВЕСТИБЮЛЬ	26 **9** КРИПТА	42 **14** БАШНЯ ГАЛАТЕИ
12 **5** ДВОР	28 **10** ЗАЛ МЭЙ УЭСТ	46 **15** ЮВЕЛИРНЫЕ РАБОТЫ

Театр-Музей Дали

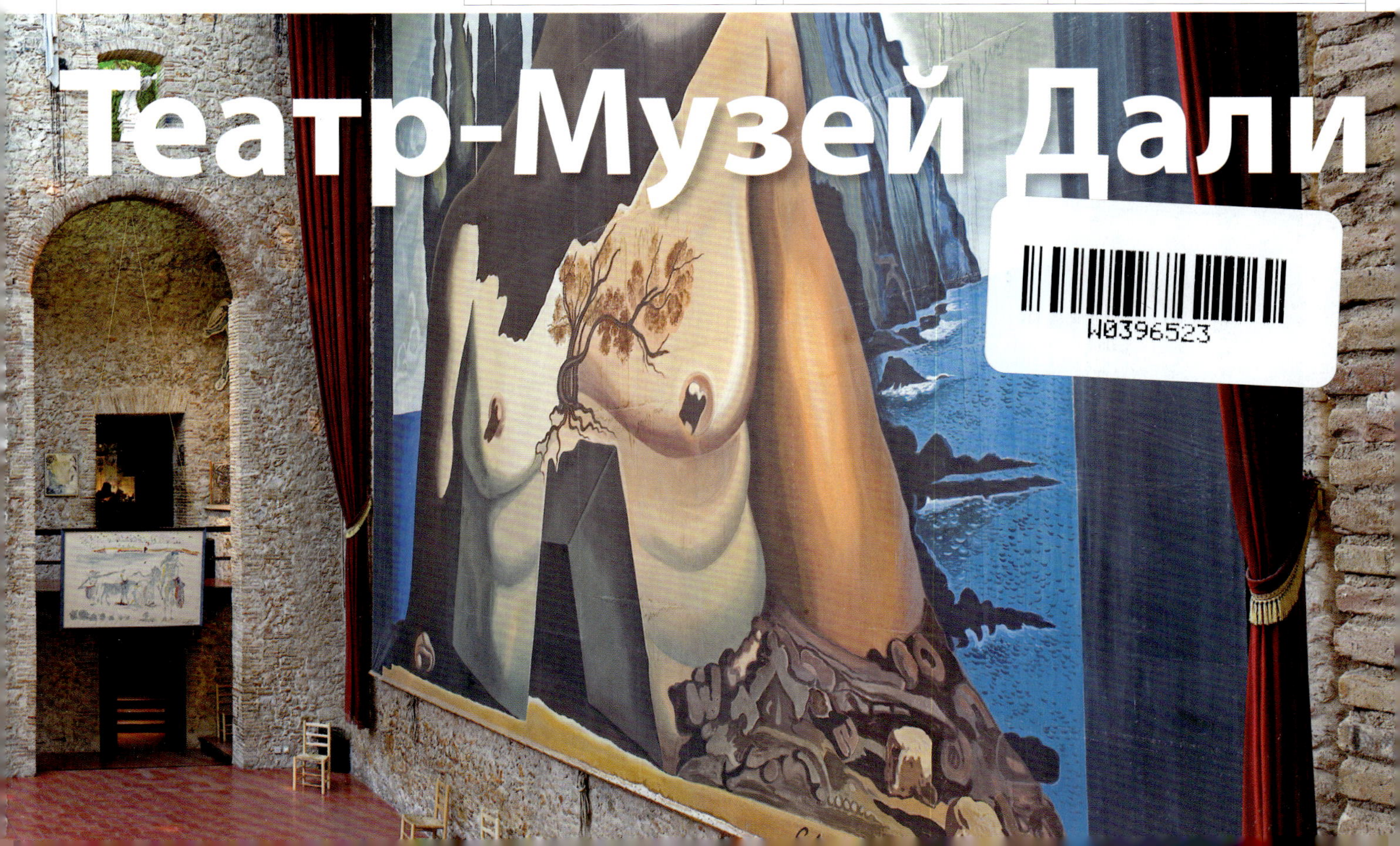

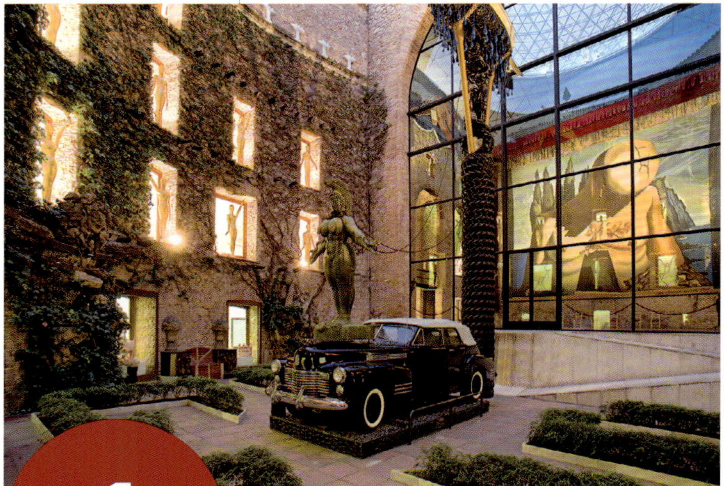

Партер и сцена бывшего театра с манекенами в стиле ар деко, которые приветствуют посетителей, приглашая в этот музей, полный таинственных намеков.

«Начнем дом с крыши, как поступали великие зодчие Возрождения, первым делом придумывая купол.»
Сальвадор Дали

1 ВВЕДЕНИЕ

Уникальное помещение. Модель музея в конкретном концептуальном ключе, усиливающем смысловую нагрузку произведений художника. Незаурядные работы, нехронологическое размещение которых подчеркивает выражаемые в них понятия и идеи. И особый взгляд. Вот как отчасти можно определить Театр-Музей Дали в Фигерасе. Конструируя свое совершенное произведение искусства, этот великий сюрреалистический объект, или ready-made, Дали отходит от веяний моды, наполняя пространство намеками и провокациями.

Манекен
Позолоченные манекены в стиле ар деко являются действующими лицами мнемотехнической диспозиции, их холодное бесстрастное присутствие вступает в контраст с общим оформлением пространства.

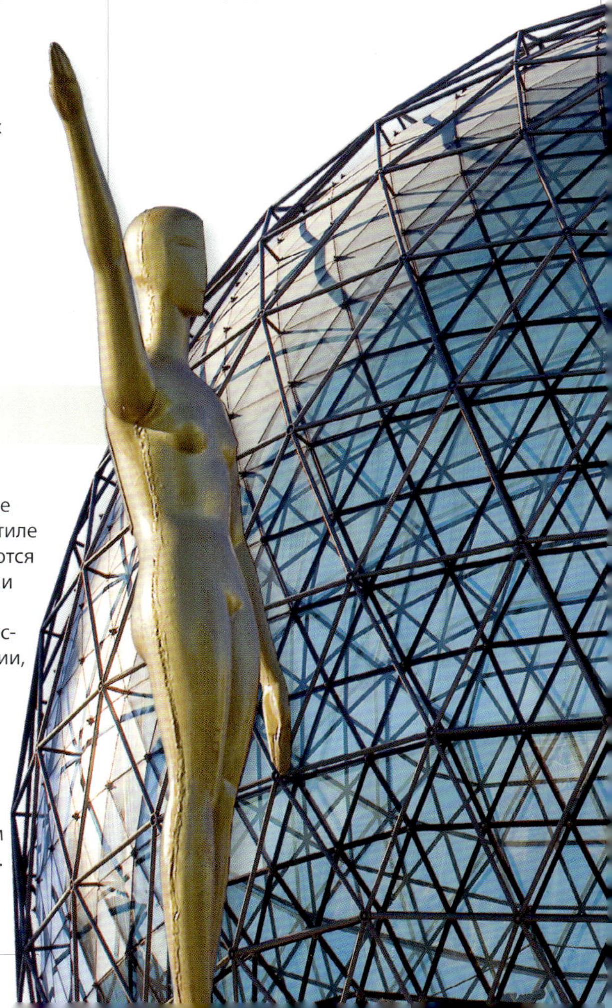

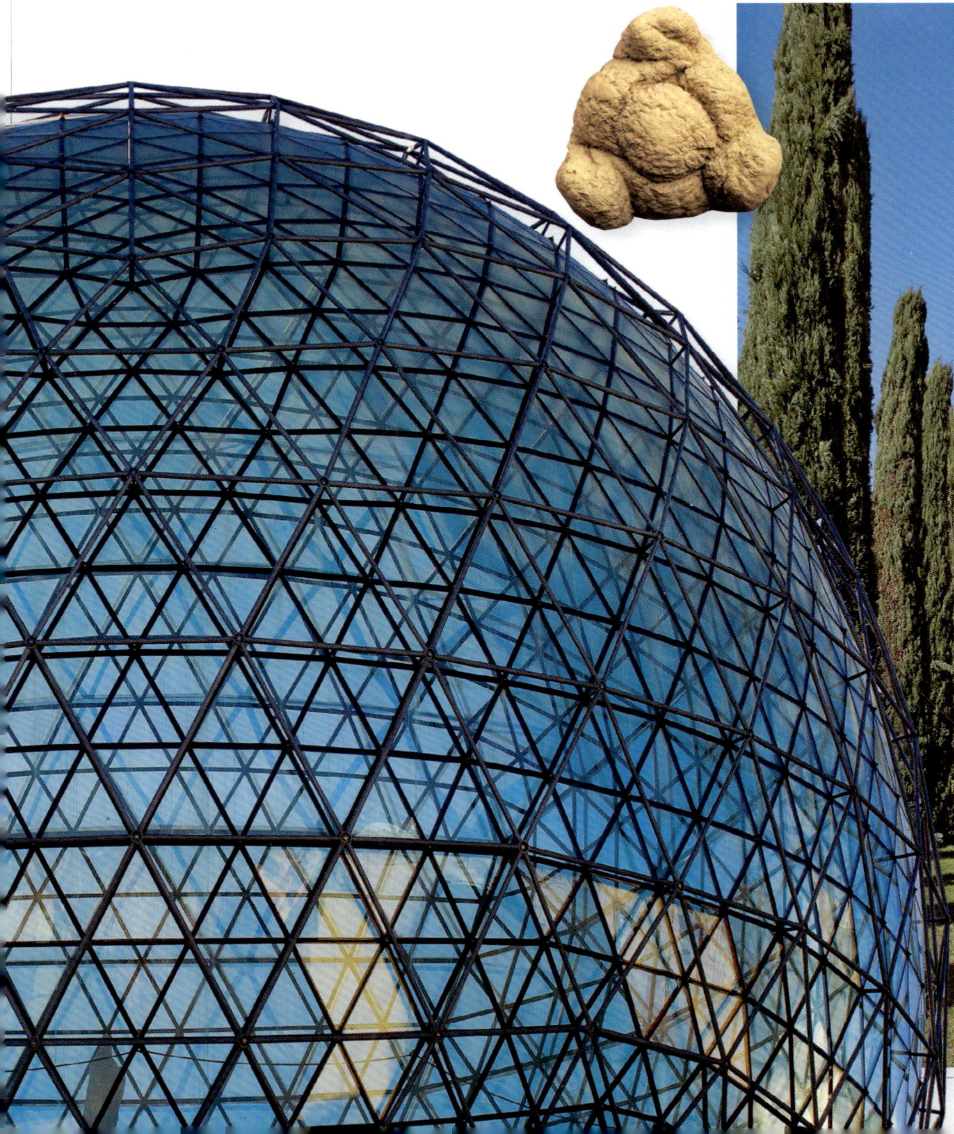

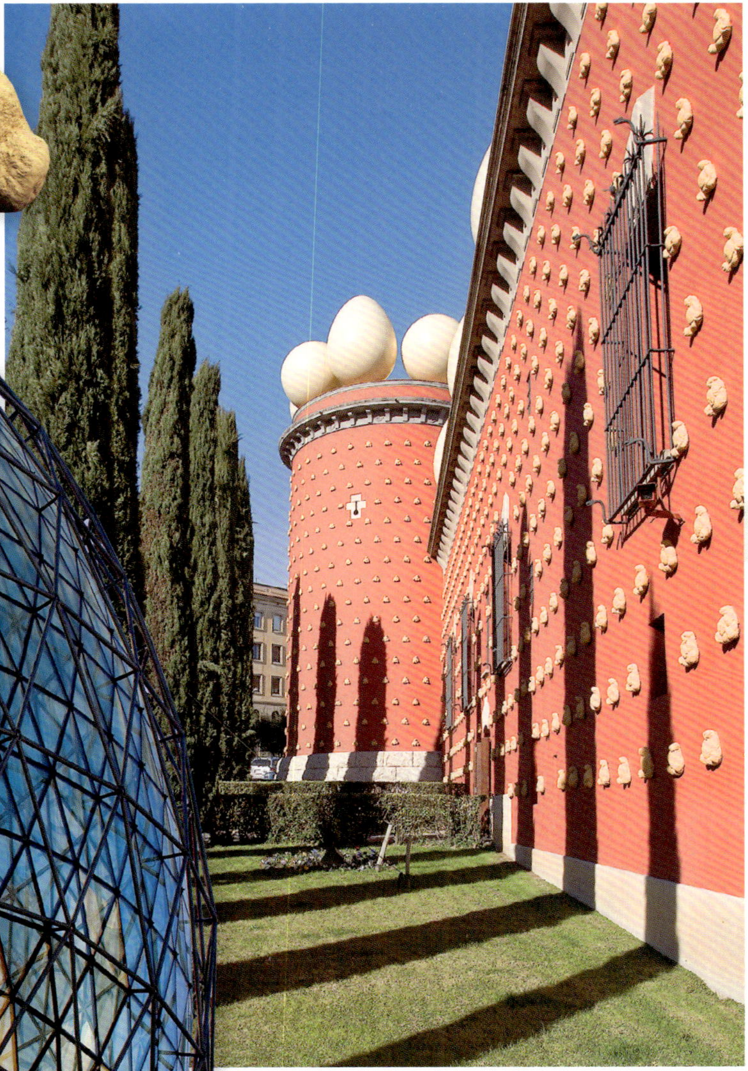

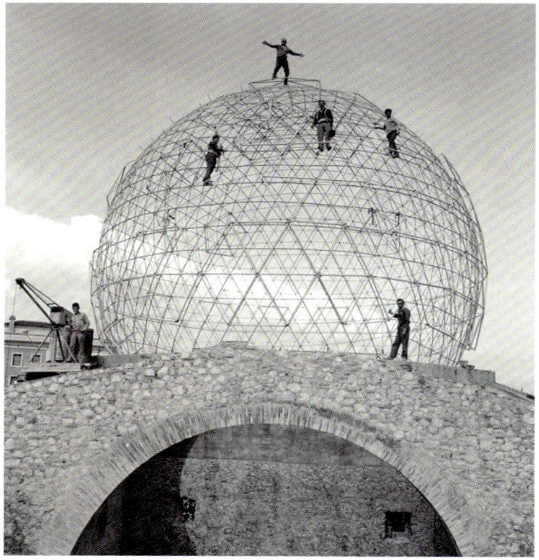

Поражающий воображение прозрачный многогранный купол Эмилио Переса Пинейро стал символом Театра-Музея и всего Фигераса, родного города художника.

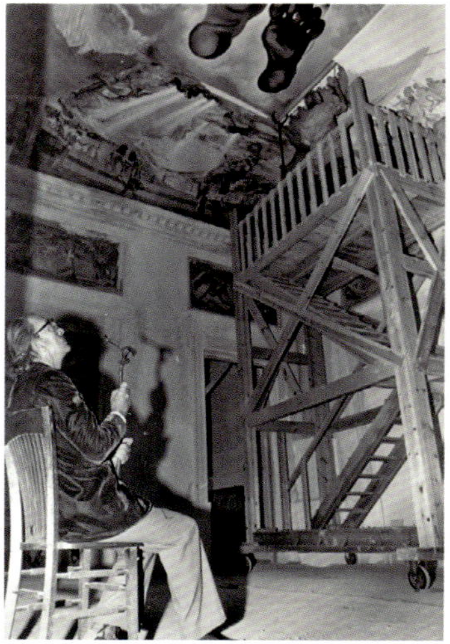

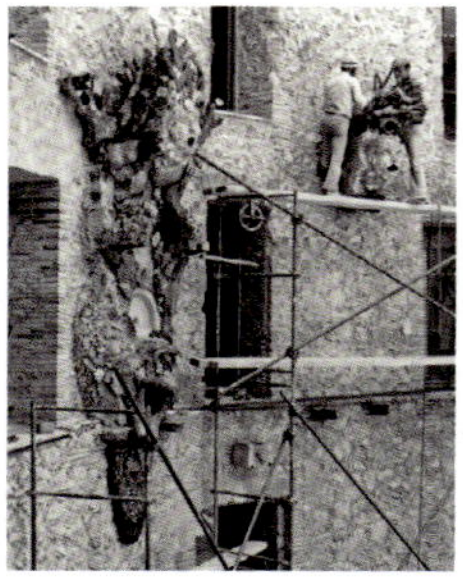

Дали активно участвовал в процессе создания своего музея. Дали наблюдает за работой над панно «Дворец Ветра».

2

ИСТОРИЯ

Процесс создания Театра-Музея начался в 1961 году. В 1968 г., по предложению муниципалитета, было решено превратить театр в музей Сальвадора Дали. Годом позже Эмилио Пересу Пинейро было поручено строительство купола, названного «геодезическим». Проект Театра-Музея был утвержден Советом министров 26 июня 1970 г. В том же году состоялось предварительное открытие Театра-Музея. Реставрацией здания руководили архитекторы Жоаким Рос де Рамис и Александре Бонатерра. В августе и сентябре 1973 г.в музее была проведена выставка «*Дали: его искусство в ювелирных работах*». 28 сентября 1974 г. Театр-Музей Дали был торжественно открыт.

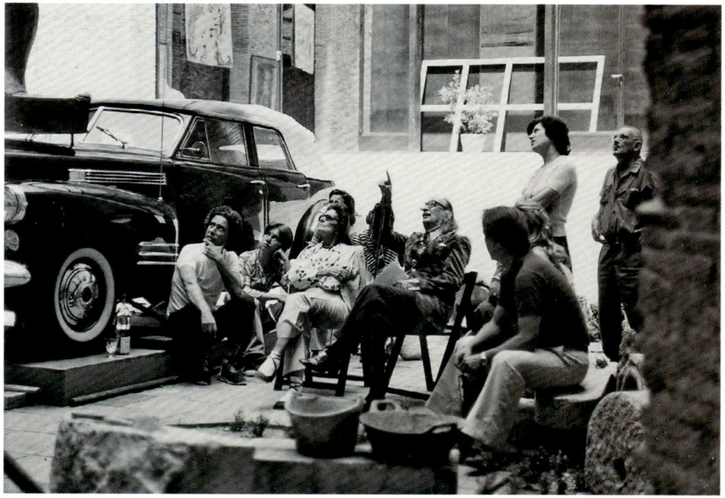

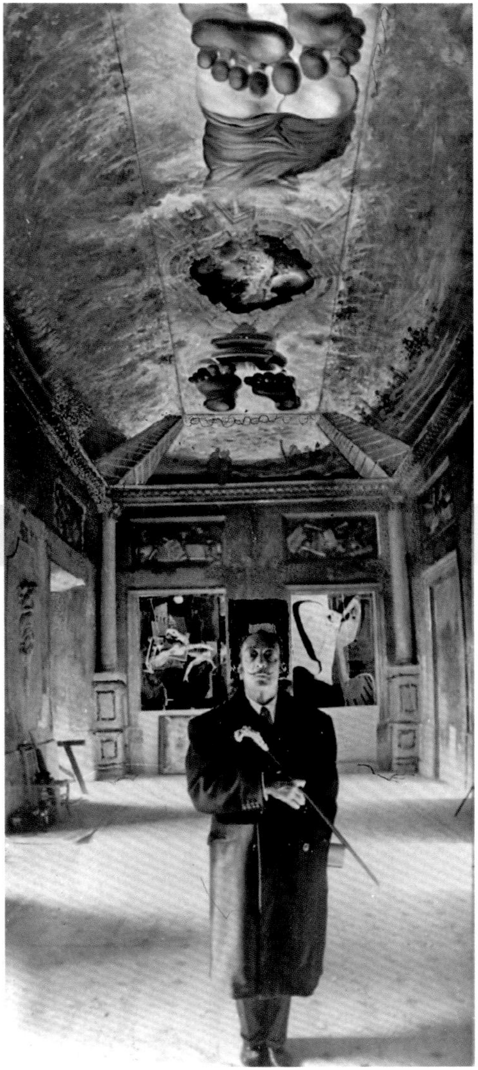

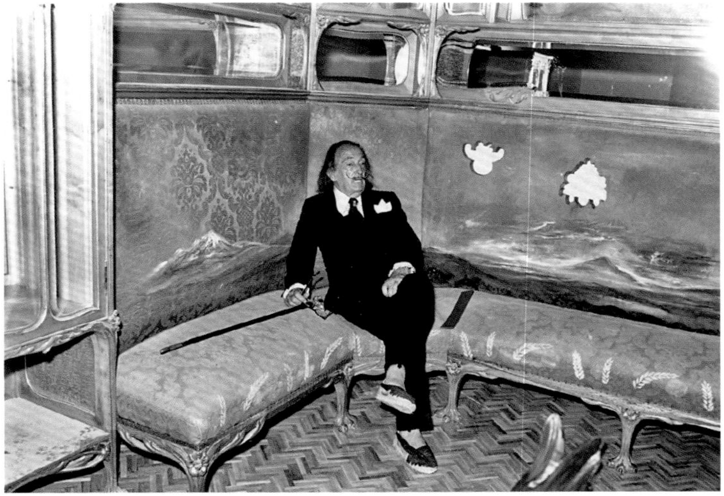

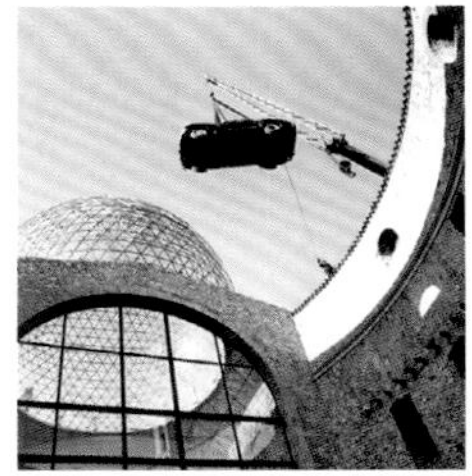

Установка Кадиллака на отведенное для него место в бывшем партере, где он выставлен и сегодня.

Художник на диване с витриной в стиле модерн.

Художник в зале Дворец Ветра с одноименным потолочным панно.

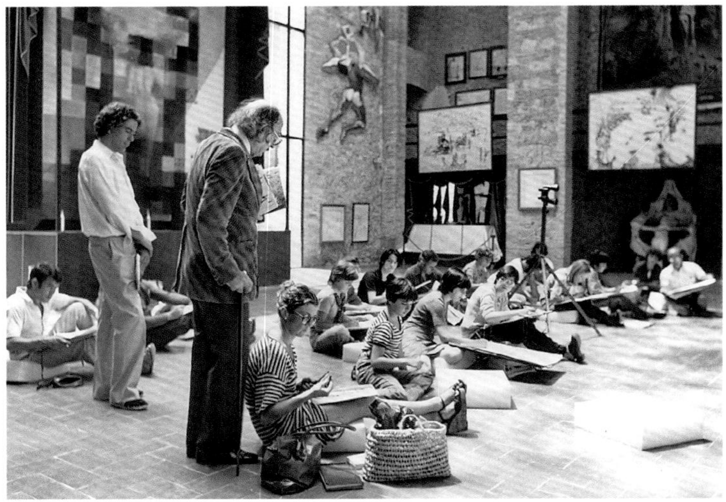

Дали и Антони Пичот ведут класс техники рисунка на бывшей сцене театра вскоре после открытия музея.

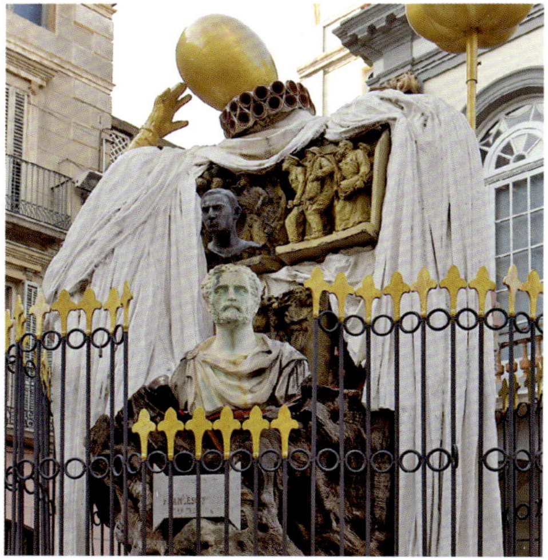

Памятник каталонскому философу Франсеску Пужольсу со ссылками на точные науки и философию Раймундо Луллия.

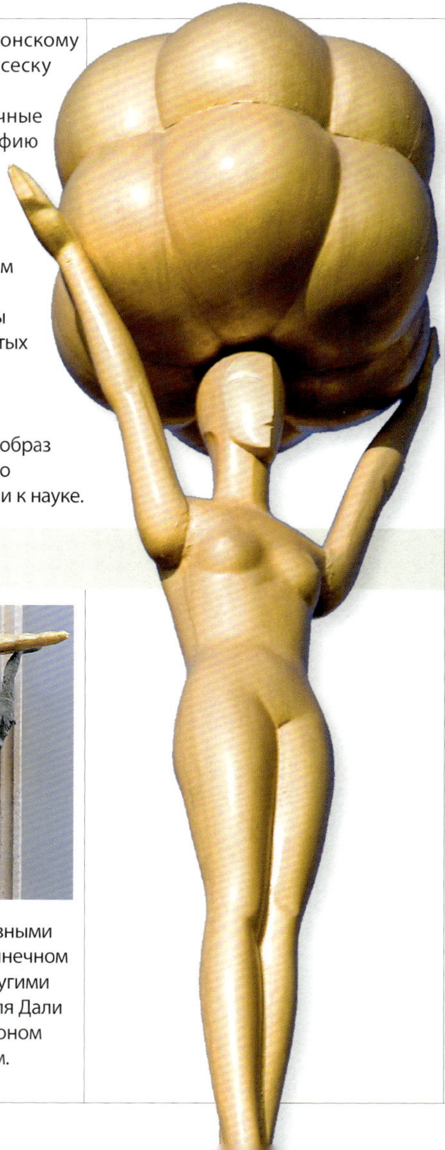

Атом
Стоящие по краям центрального фасада манекены держат в вытянутых к небу руках атом водорода. Этот постоянно повторяющийся образ свидетельствует о пристрастии Дали к науке.

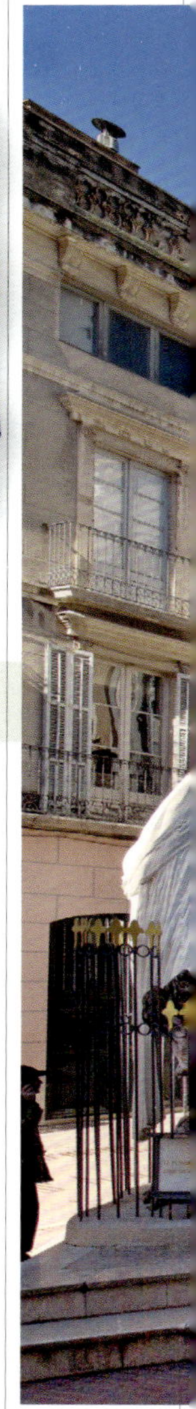

3 ВОКРУГ МУЗЕЯ

В этом пространстве, служащем преддверием, Дали расставляет символы своих пристрастий и навязчивых идей: наука представлена скульптурой «*Памяти Ньютона*», академическое искусство – тремя скульптурами Мейсонье, более новаторское – «*Обелиском телевидения*» Вольфа Фостеля, каталонская философия – памятником Франсеску Пужольсу. Здание увенчано подобием короны из манекенов: одни – на костылях, другие – с батоном хлеба на голове. Стоит обратить внимание на фигуру водолаза, символизирующего погружение в глубины подсознания, которое ожидает посетителя Театра-Музея.

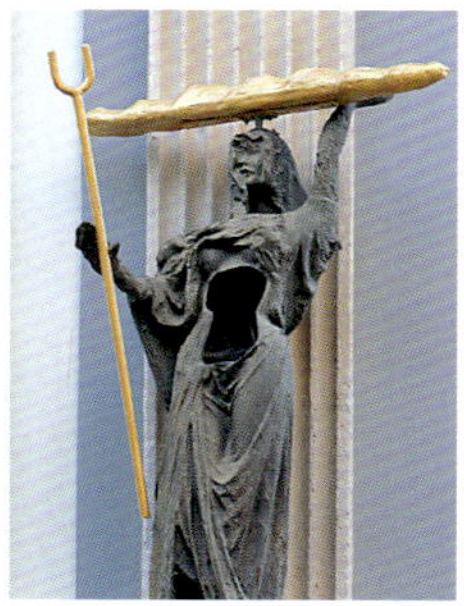

Манекен со сквозными отверстием в солнечном сплетении и с другими характерными для Дали символами – батоном хлеба и костылем.

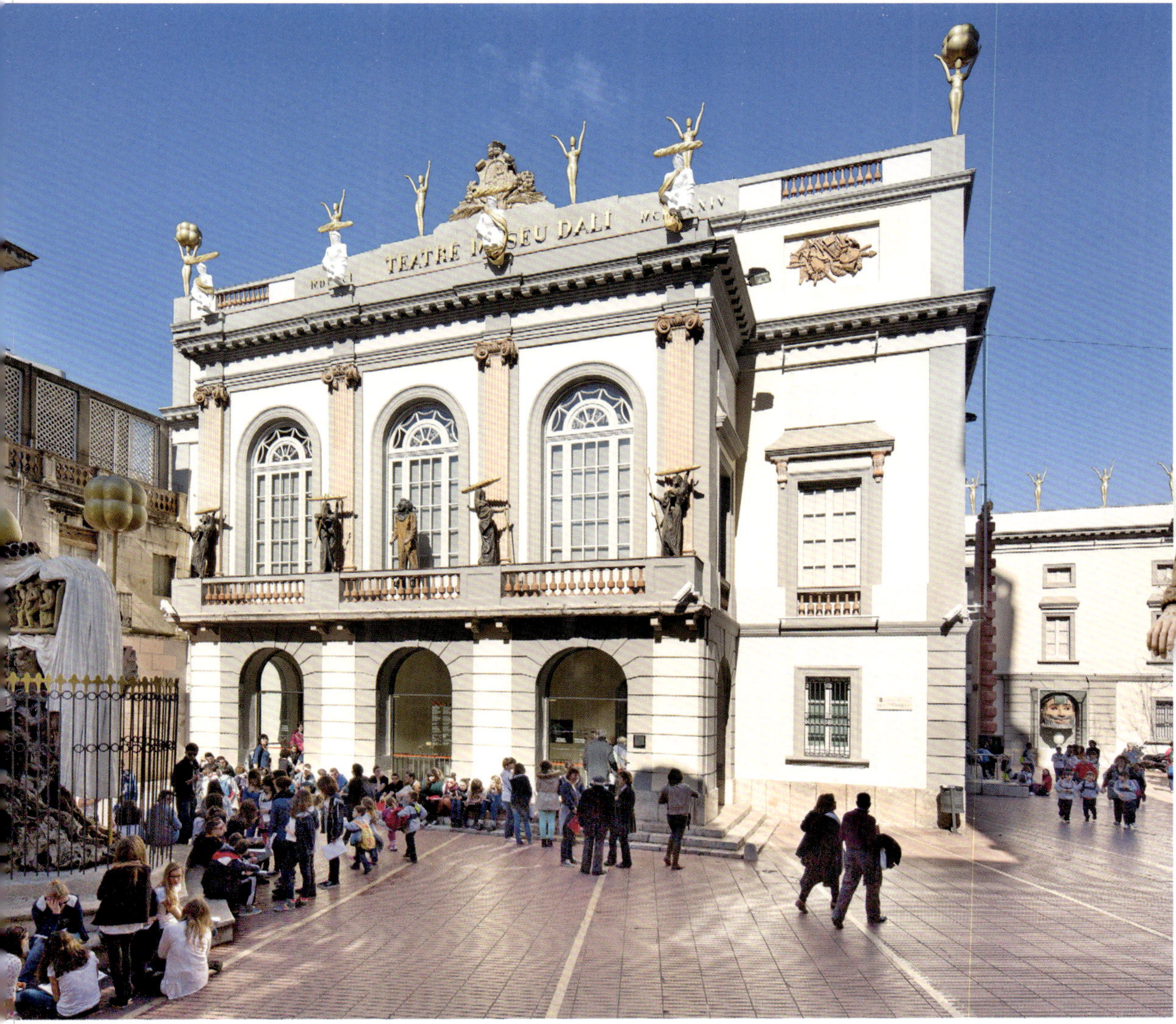

Фасад
Площадь и неоклассический экстерьер Театра-Музея Дали – бывшего городского театра, построенного архитектором Жозепом Рокой-и-Бросом в 1848 г.

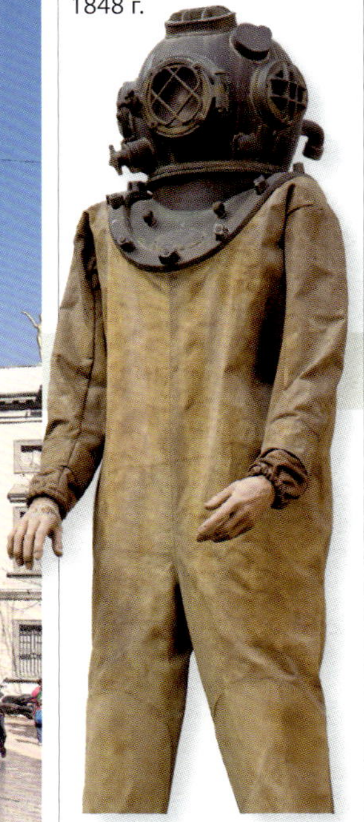

Водолаз
Символ погружения в глубины подсознания, которое ждет посетителя Театра-Музея.

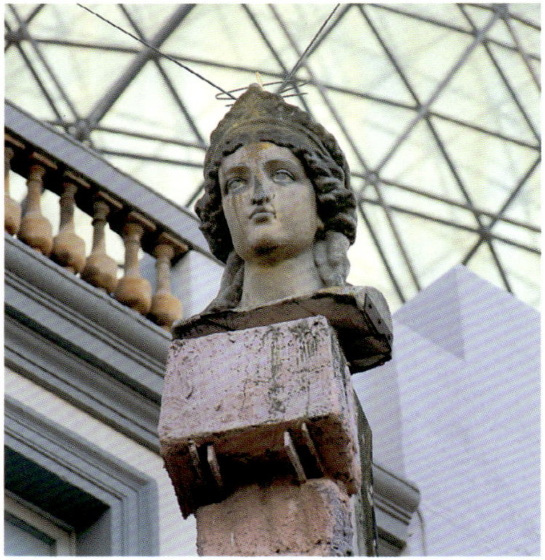

Каменный фонтан, превращенный Дали в фонарь и увенчанный воспроизведением атома водорода.

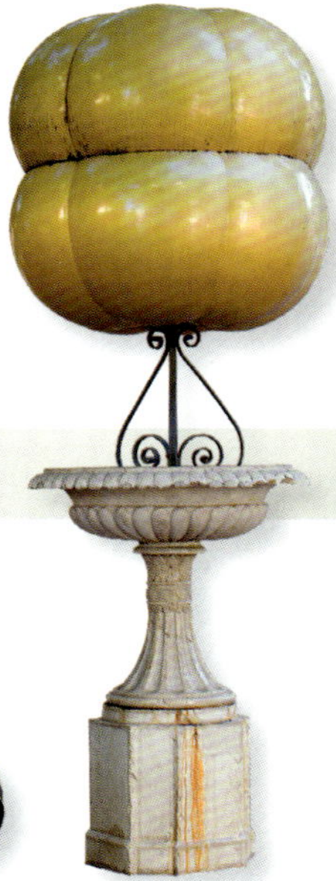

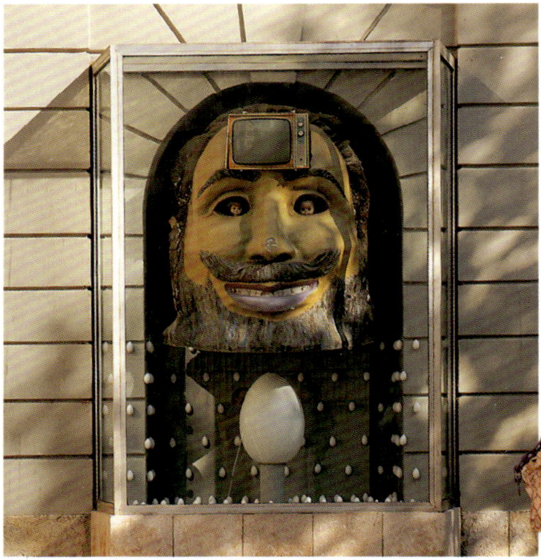

Инсталляция Сальвадора Дали, дополняющая скульптуру Фостеля.

И Дали, и его муза хотели, чтобы их присутствие ощущалось и за стенами музея.

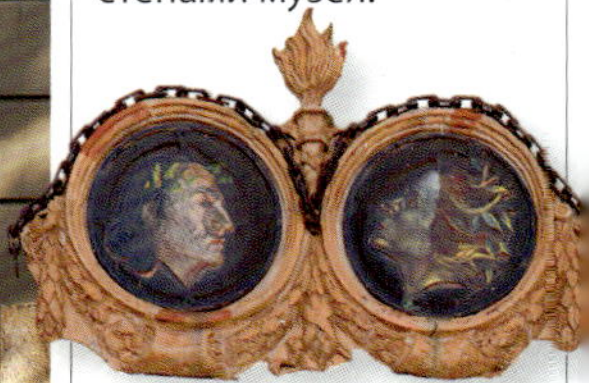

Обелиск
Верхняя часть скульптуры «*Телевизионный обелиск*» Вольфа Фостеля, монолита из четырнадцати телевизоров.

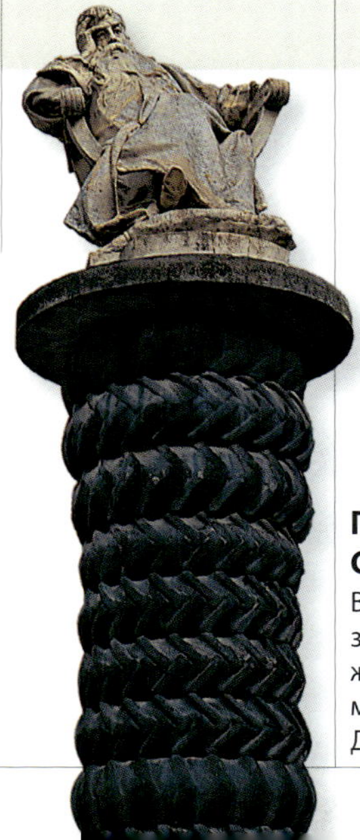

Памяти Мейсонье
Жан-Луи Эрнест Мейсонье, живописец салонного академизма, которым Дали восхищался. Памятник работы Антонена Мерсье (1895 г.), «подправленный» Дали к своей персональной выставке в Париже в 1979 г.

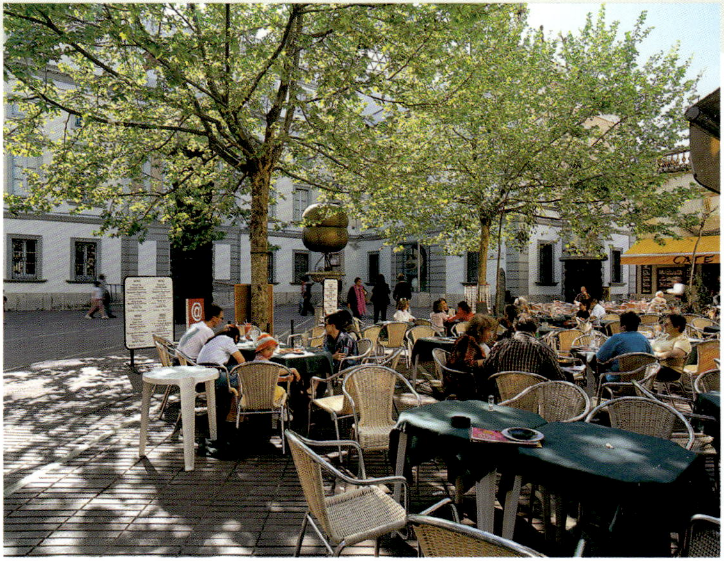

Площадь Гала-Сальвадор Дали
Выстраивающиеся здесь длинные очереди желающих посетить музей очень нравились Дали.

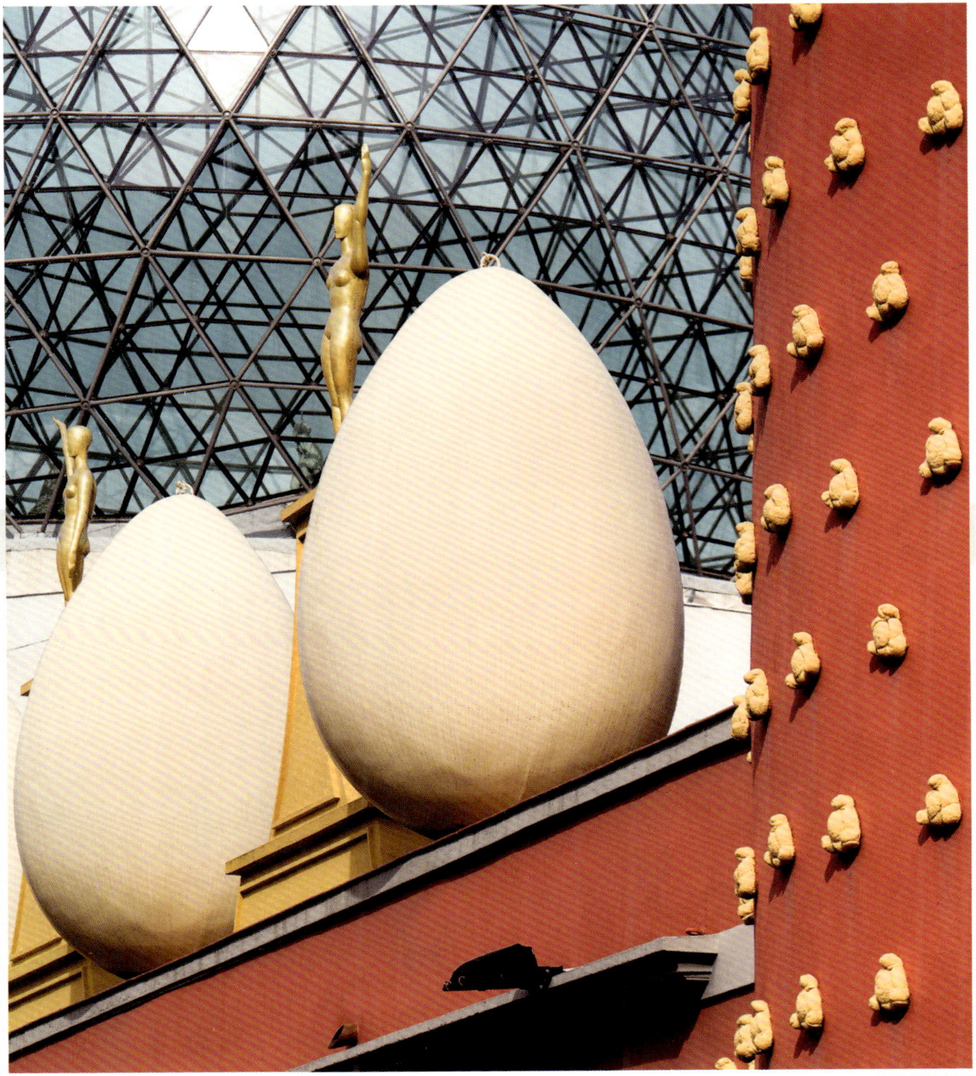

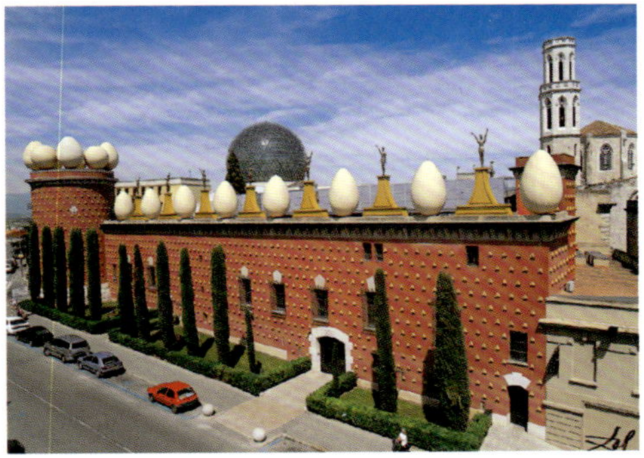

Башня Галатеи

Последний приют художника, сегодня – новое крыло музея. Старинный дом Горгот был оформлен в стиле Дали элементами в форме яиц и булочек. Здание Дали перекликается с другими архитектурными постройками, в частности, Домом ракушек в Саламанке.

Яйца

Для Дали яйцо символизирует рождение, а яичница ассоциируется с внутриутробными воспоминаниями. Все, что можно съесть, имеет фундаментальное значение в его творчестве. Согласно постулату художника: «Красота или будет съедобной, или ей вообще не быть».

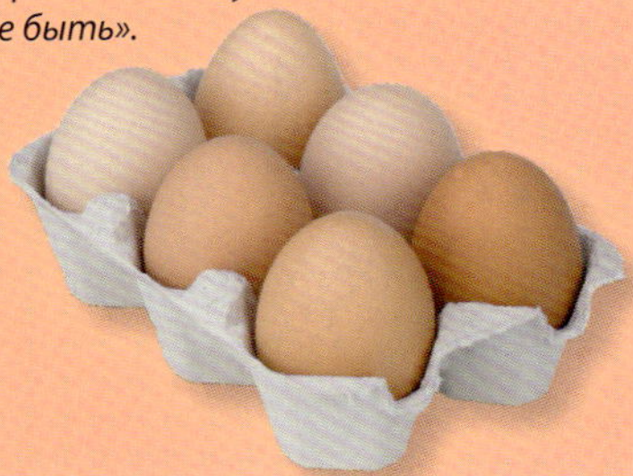

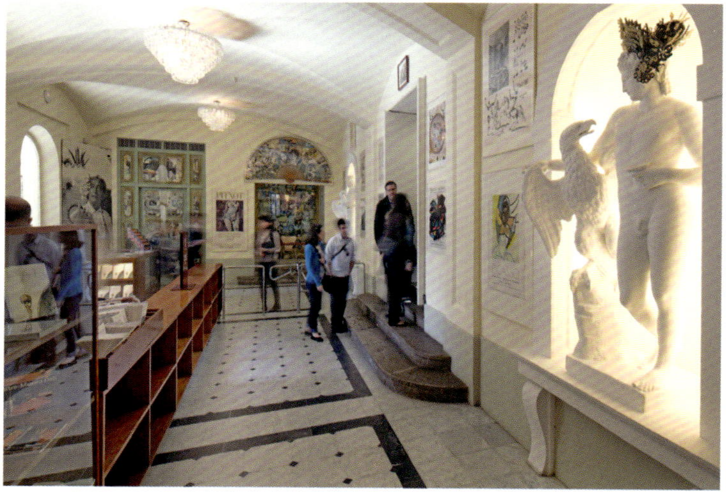

4

ВЕСТИБЮЛЬ

Погружение в память Дали происходит немедленно: как только мы переступаем порог музея, Дали вручает нам ключи и знакомит с важными для своей творческой траектории людьми, художниками (Пикассо, Миро, Антони Пичот, Гауди, Гюстав Моро, Мейсонье, Детай, Леду и Карлес Фажес де Климент), течениями в искусстве – в частности, сюрреализмом – и знаменательными событиями. Стоящая здесь же скульптура троянского героя Ганимеда – это намек на мифологию. И, конечно же, не обойтись здесь и без Гала, музы и супруги, воплощения единственной и взаимной любви.

Дали подправляет механически воспроизведенный рисунок (глаз), и зритель видит результат игры в *"изысканный труп"*.

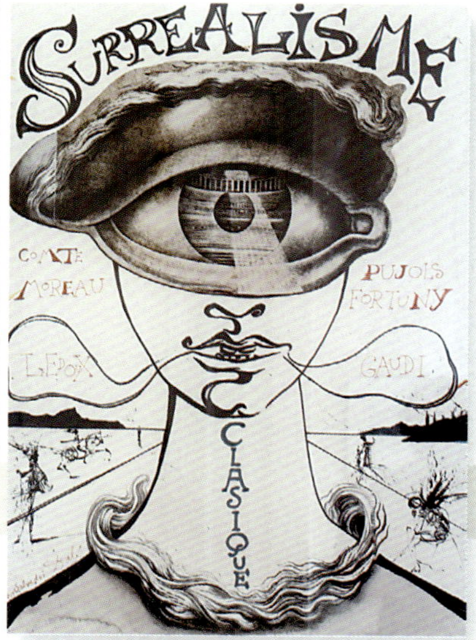

Веер-коллаж
Выполнен Амандой Лир по проекту Дали.

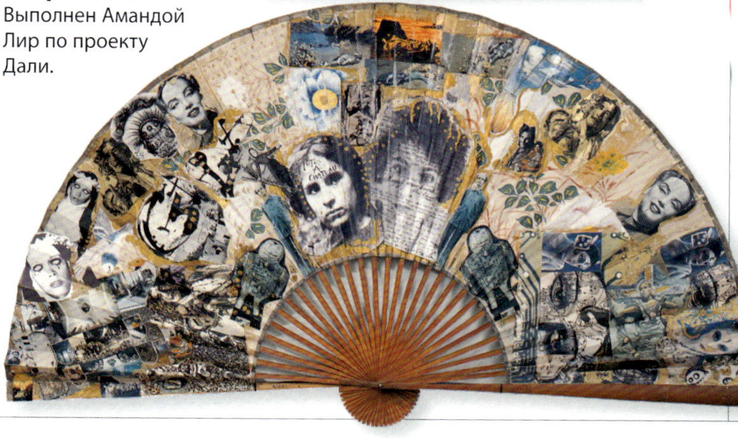

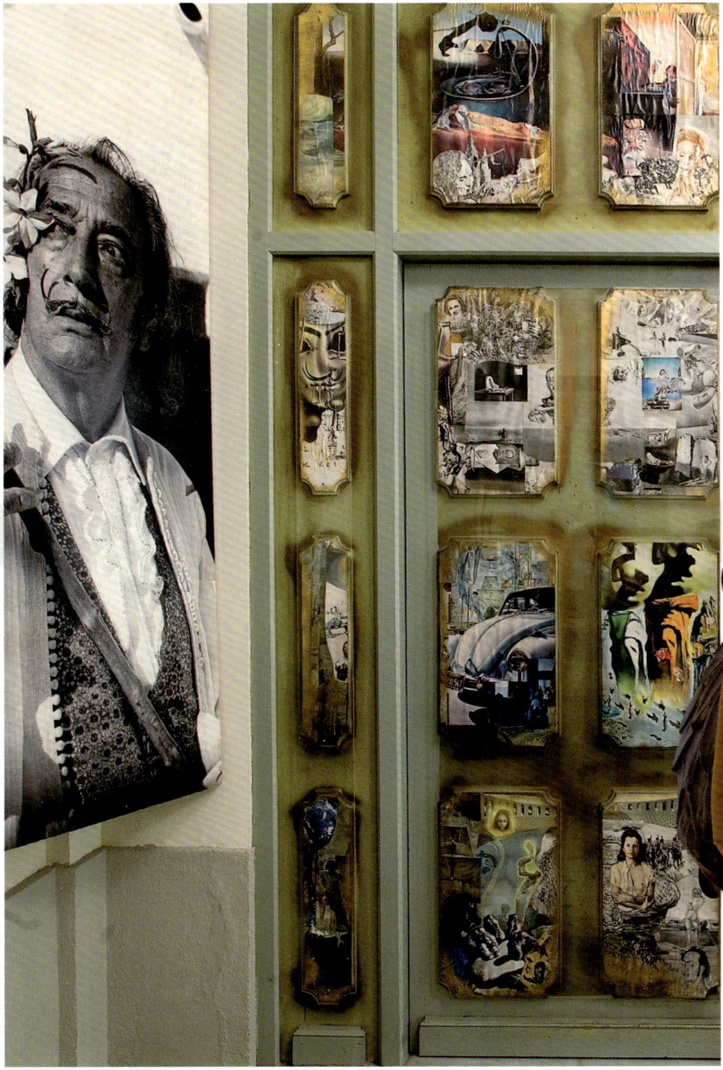

Коллаж
Под руководством Дали Аманда Лир возрождает технику коллажа. Коллажи на этой двери включают репродукции картин Дали из журналов и газет разных стран.

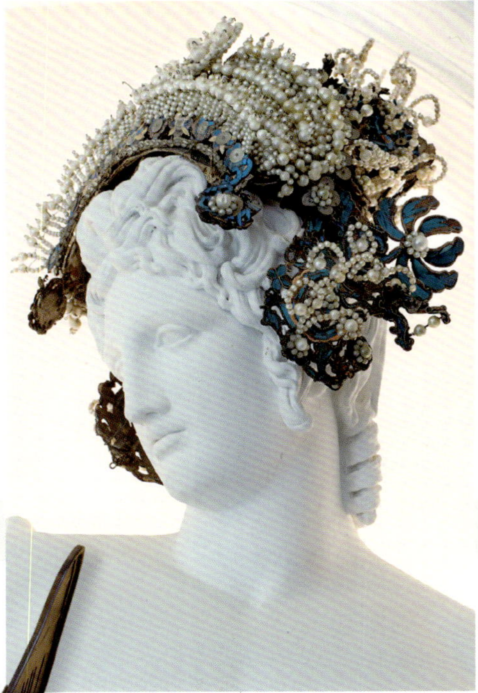

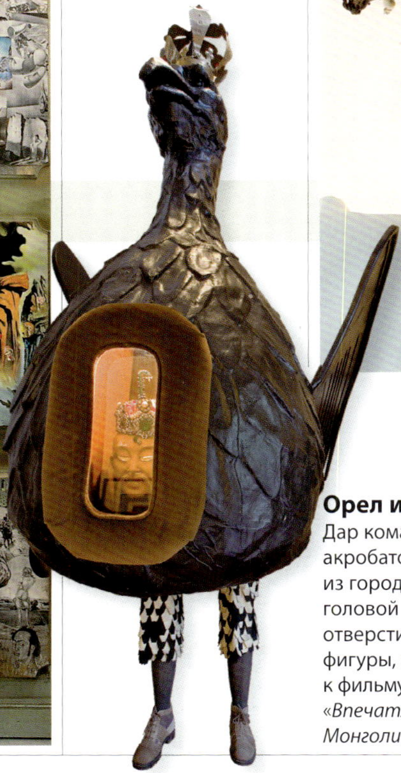

Орел из Вальса
Дар команды акробатов-«кастельерс» из города Вальса с головой китайца в отверстии в груди фигуры, плакат к фильму Дали «*Впечатления о Верхней Монголии*», 1975 г.

Ганимед
Статуя работы Хосе Альвареса Куберо с расшитой шапкой-шлемом, попавшей к Дали от труппы Русского балета. Троянский герой Ганимед за красоту был назначен богами в виночерпии Зевсу.

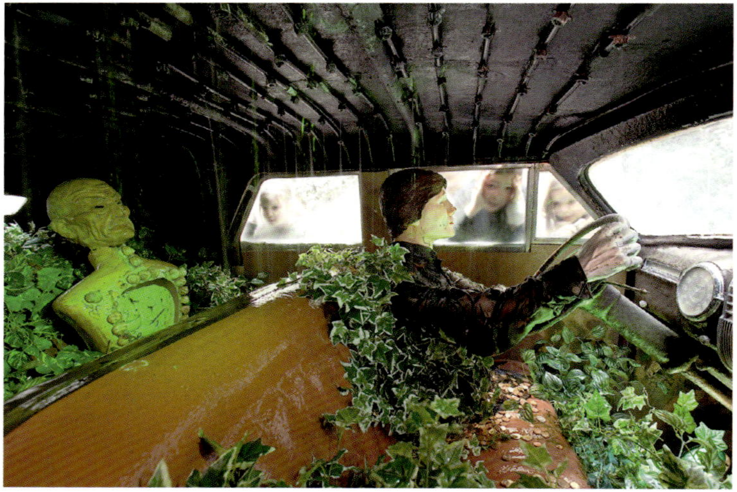

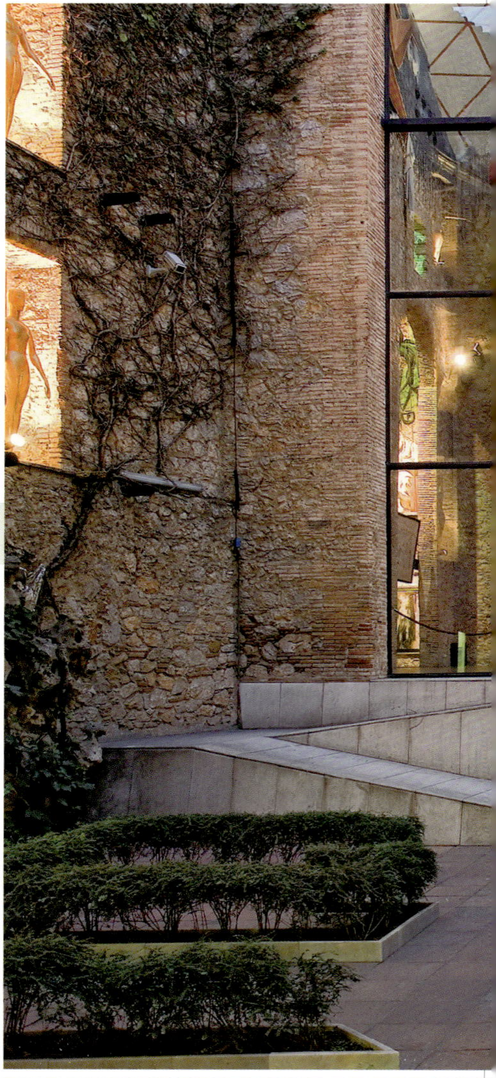

5 ДВОР

Партер муниципального театра превращен в настоящий сад под открытым небом. Главное здесь – инсталляция с внушительным Кадиллаком: «*Великая Эсфирь*» Эрнста Фукса тянущая цепями колонну Траяна из автомобильных шин, вместе с мраморным бюстом Франсуа Жирардона, "далинизированным" «*Рабом*» Микеланджело, лодкой Гала и черным зонтом составляют величайший, по мнению Дали, сюрреалистический памятник в мире. В ансамбле двора ощущается дионисийское начало: Дали приглашает нас принять участие в ритуале или игре, в которую превращается посещение музея.

Дождливое такси
Дали создал этот экспонат к Всемирной выставке сюрреализма в Париже 1938 г., организованной Андре Бретоном и Полем Элюаром с участием Марселя Дюшана.

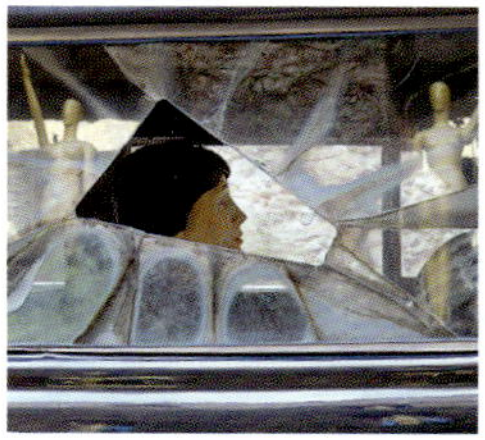

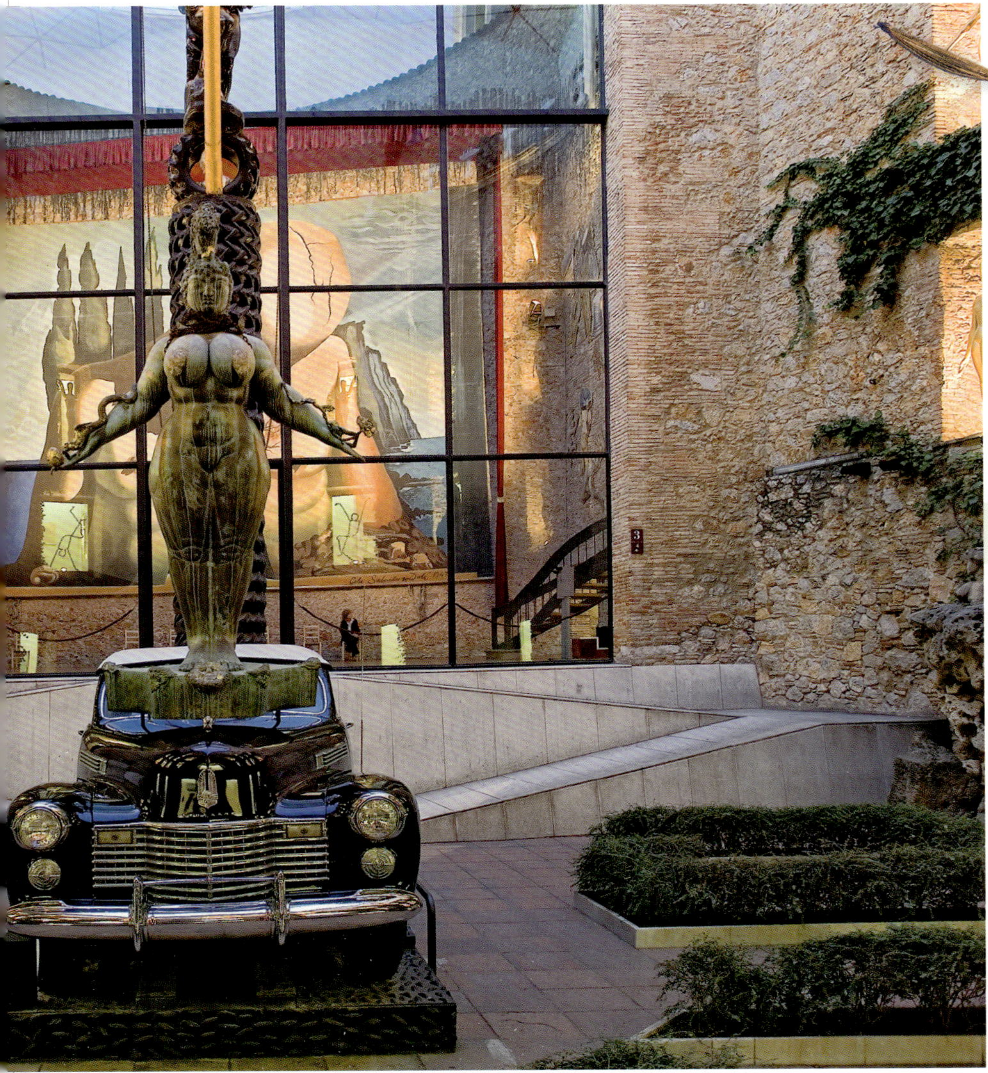

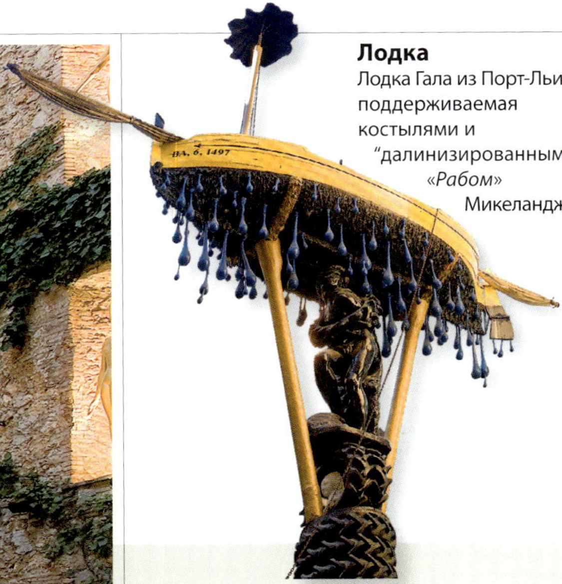

Лодка

Лодка Гала из Порт-Льигата, поддерживаемая костылями и "далинизированным" «Рабом» Микеланджело.

Автомобили

Символы современности, молодости, дерзновения и прогресса, постоянно присутствующие в творчестве Дали. Сложность их устройства пробуждает разнообразные чувства, не меньшие, чем вызываемые созерцанием античной красоты. «Кадиллак», или «Дождливое такси», выставлялся на парижской выставке сюрреализма 1938 г. Этот экспонат Театра-Музея был сделан художником в подарок Гала.

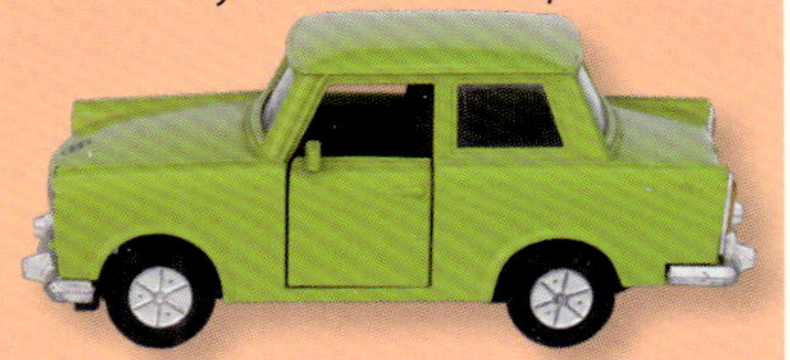

Партер

Сгоревший в конце Гражданской войны в Испании муниципальный театр оставался в разрушенном состоянии до тех пор, пока Дали не решил создать на его руинах (здесь до сих пор видны горелые балки) свой музей. Бывший партер, несомненно, – главное сценическое пространство музея. Все здесь организовано и расставлено согласно замыслу художника, утверждавшего, что надо всегда следовать принципу накопления, а не отбора. Здесь задаются правила посещения музея: мы приглашены участвовать в дионисийском празднестве.

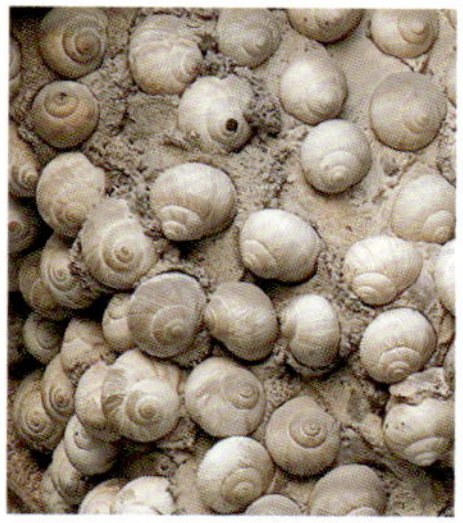

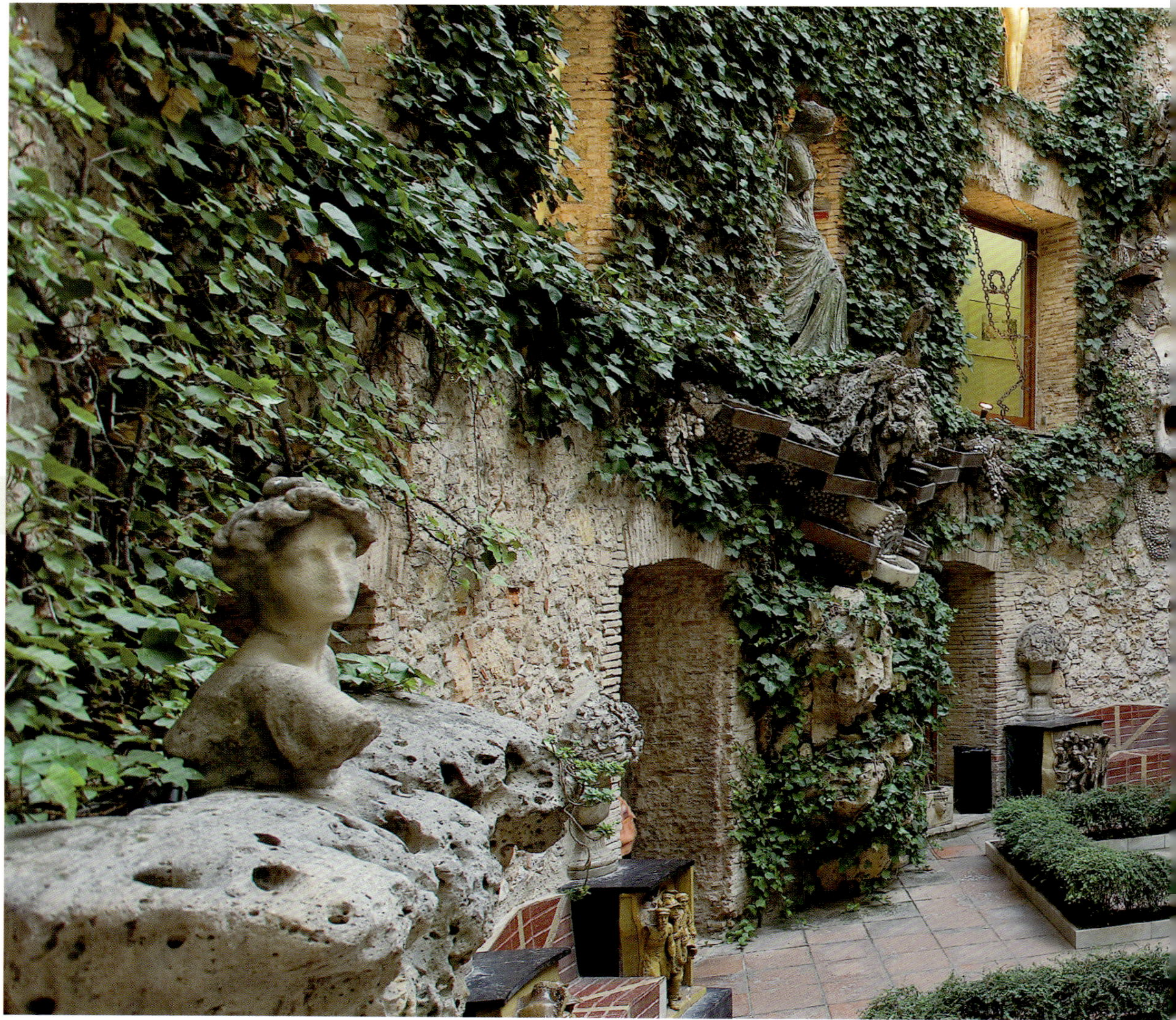

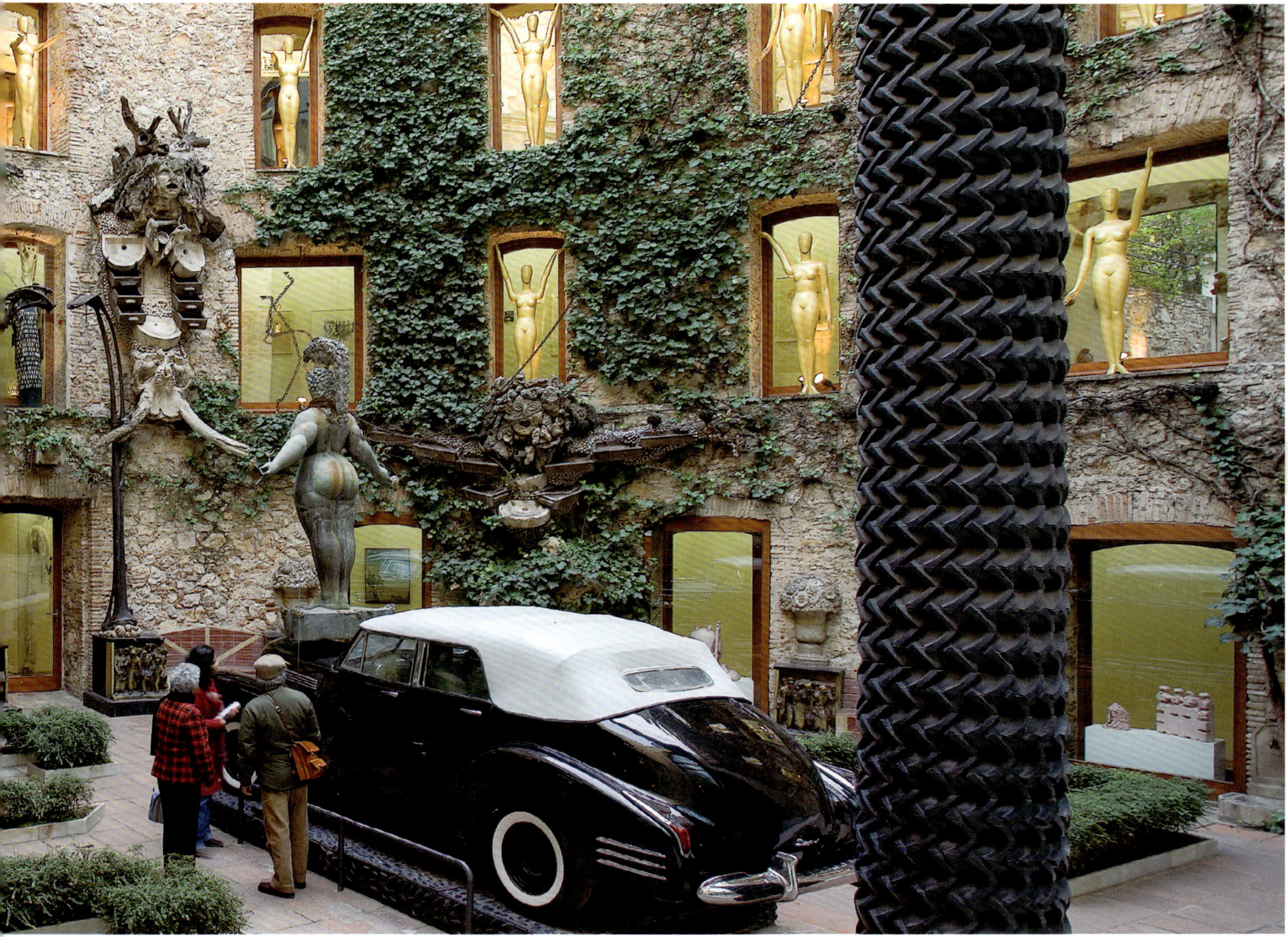

Вид внутреннего двора музея, на первом плане фонари парижского метро в стиле модерн по проекту Эктора Гимара.

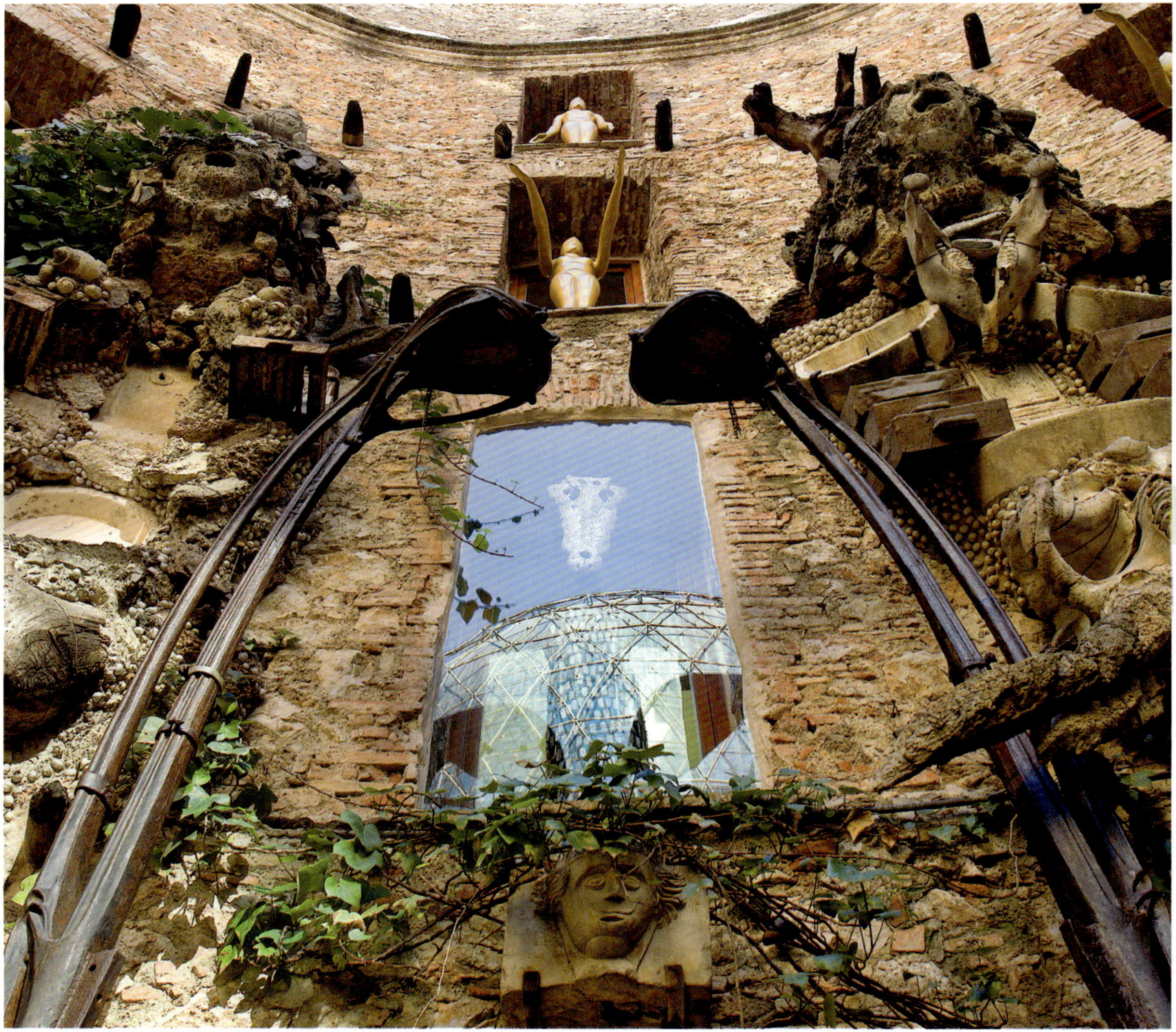

Манекен

Манекен в стиле ар деко приветствует посетителей музея.

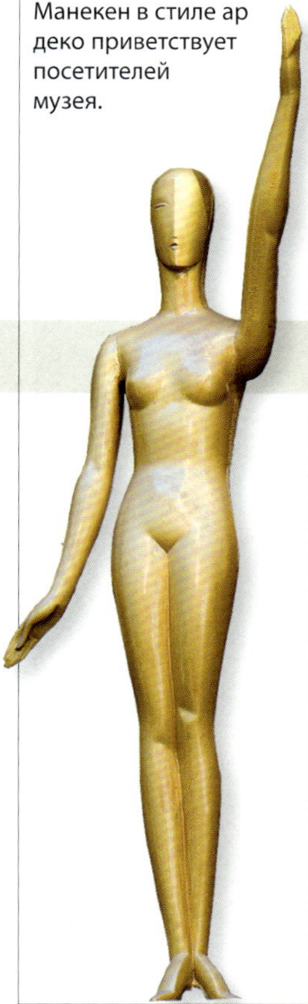

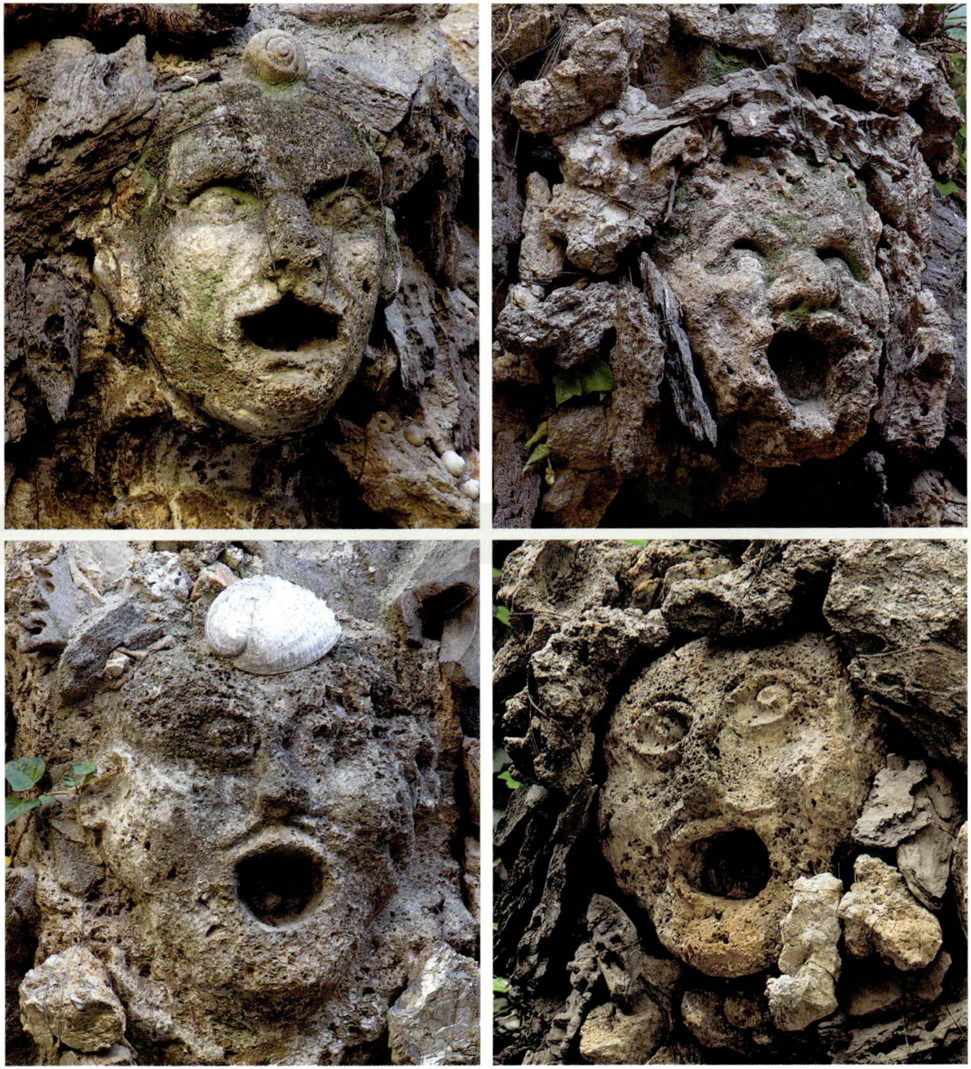

«Гротескные» чудища

Фрагмент чудищ, созданных Дали в 1975 г. при содействии Антони Пичота. Эти фантасмагорические персонажи будто выступают из мглы, загипнотизированные чудесным спектаклем в романтическом саду. Они тоже служат фонтанами, как и чудища восхитившего Дали парка Бомарцо недалеко от Рима.

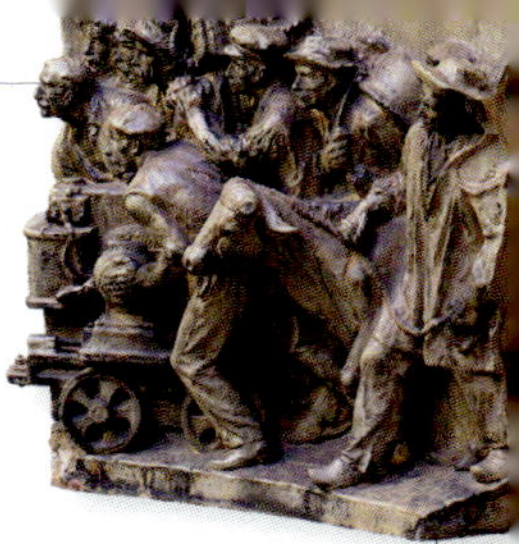

Барельеф из серии *«Искусство и ремесла»*, созданной к Всемирной парижской выставке 1900 г.

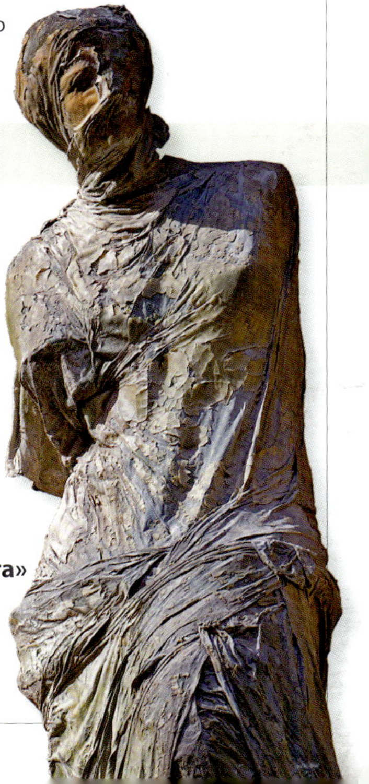

«Венера Велата»
Оливье Бриса.

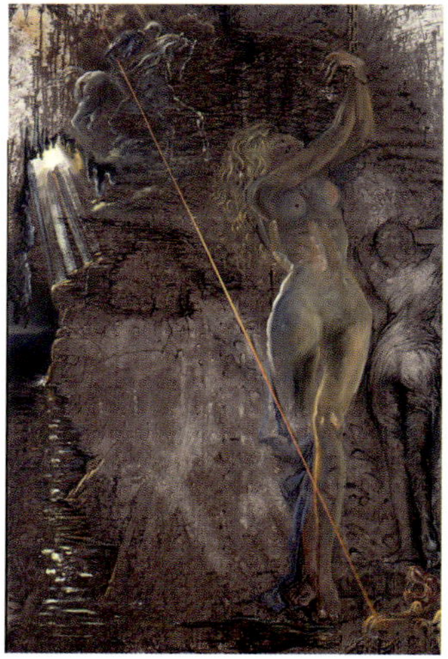

«Роджер, освобождающий Анжелику» – очевидная аллюзия на миф о святом Георгии, который поражает дракона и спасает принцессу.

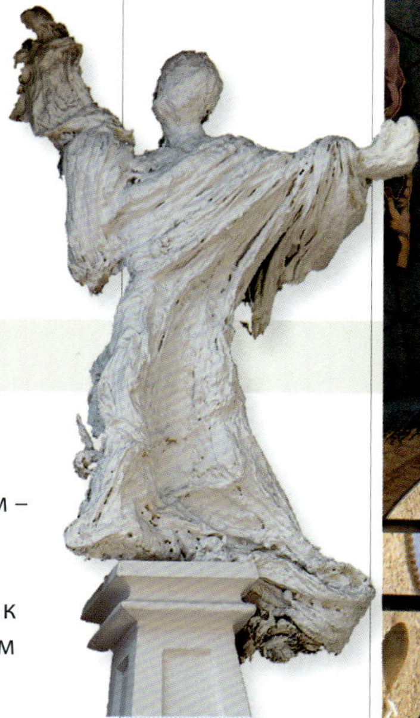

Одна из скульптур под куполом.

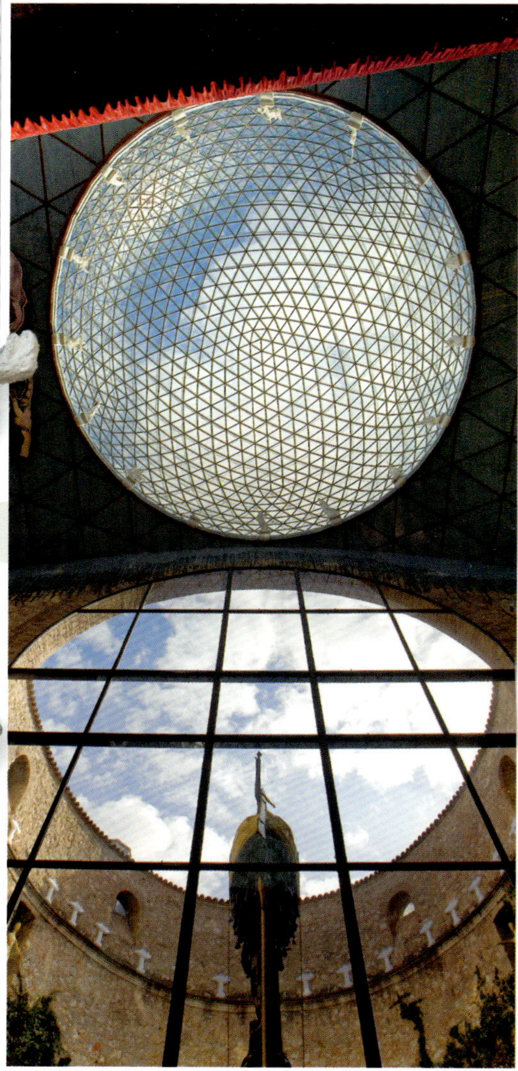

Небу Ампурдана также отводится в музее одна из главных ролей.

6 КУПОЛ

Сцена бывшего театра, увенчанная поражающим воображение многогранным прозрачным куполом – символом Театра-Музея и всего Фигераса. Над сценой главенствует громадный задник, созданный Дали к балету «*Лабиринт*». Здесь мы увидим огромную картину с фотоэффектом превращения стоящей спиной обнаженной фигуры Гала в портрет Авраама Линкольна. Рядом – авторская копия картины «*Галлюциногенный тореро*» и разные инсталляции, одна из которых, носящая название «*Твистующий Христос*», посвящена Гауди.

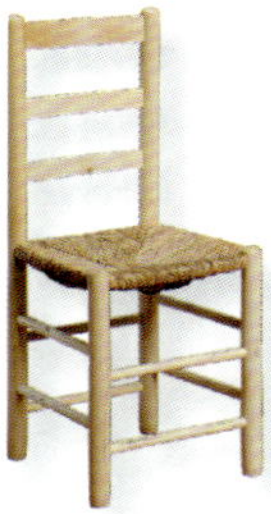

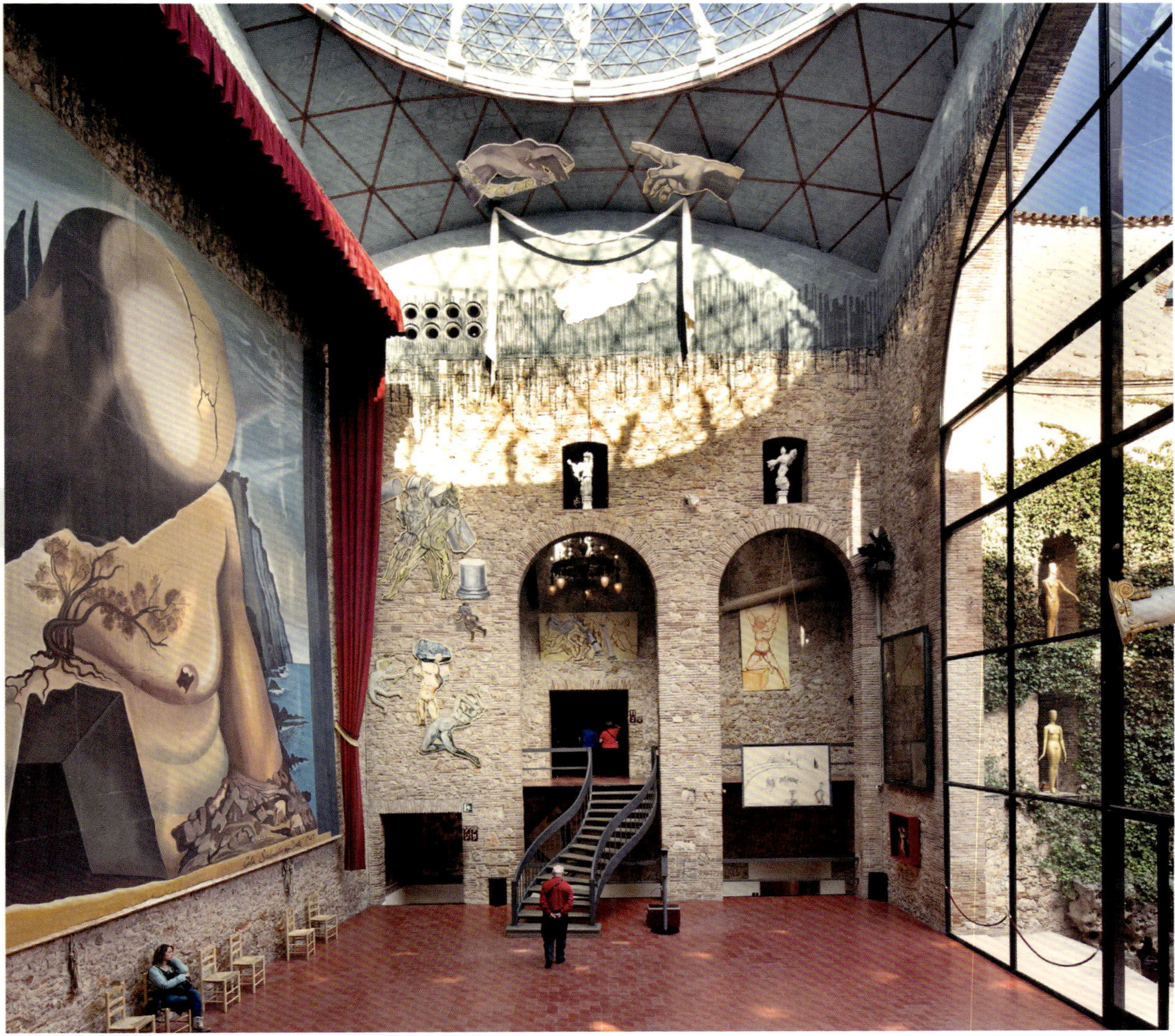

Лабиринт

Вид сцены бывшего театра с надгробием Сальвадора Дали. Музей – совершенное произведение искусства, последний шедевр Дали, театр памяти. Слева – копия задника, созданного художником к своему балету «*Лабиринт*», 1941 г. На заднем плане – руки из «Сотворения мира», аллюзия на фреску Микеланджело, которого Дали считал своим великим учителем.

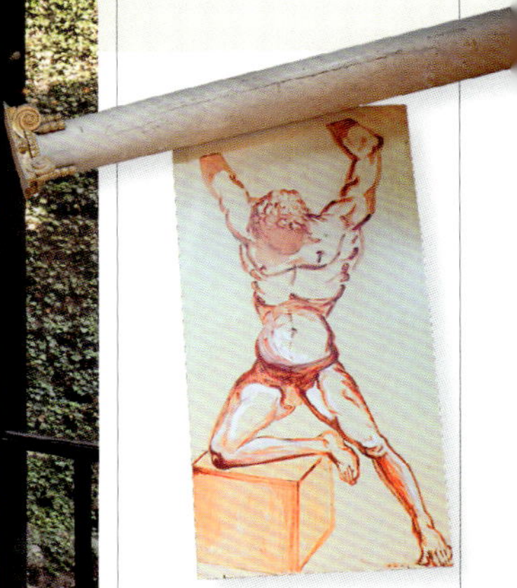

«Геркулес, несущий колонну», ок. 1977 г.

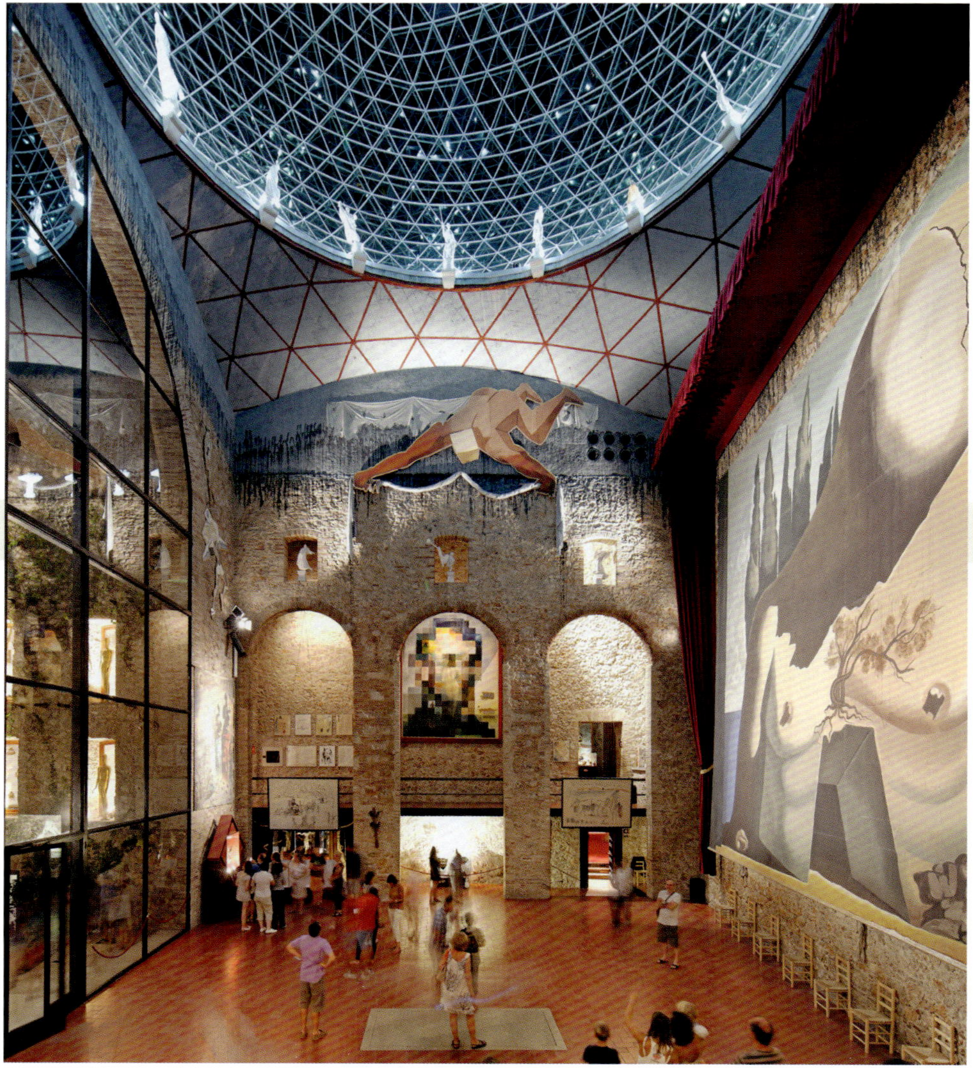

На огромном полотне под центральной аркой можно полюбоваться эффектом двойного образа, наблюдая за тем, как обнаженная Гала превращается в голову Авраама Линкольна. Это – один из многочисленных примеров увлечения Дали точными науками в последний период его творчества.

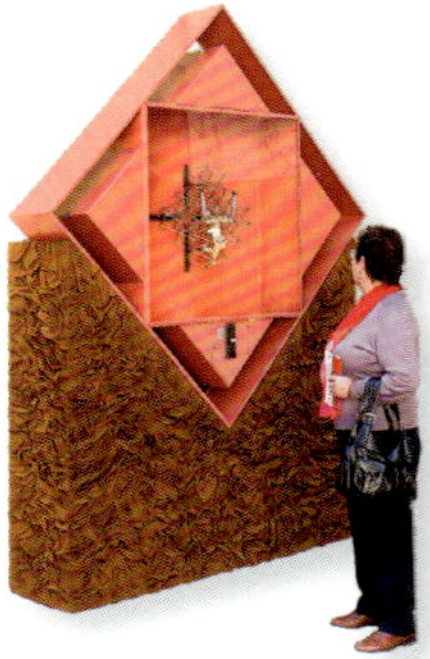

Механическая конструкция Эмилио Переса Пинейро с распятием работы Дали.

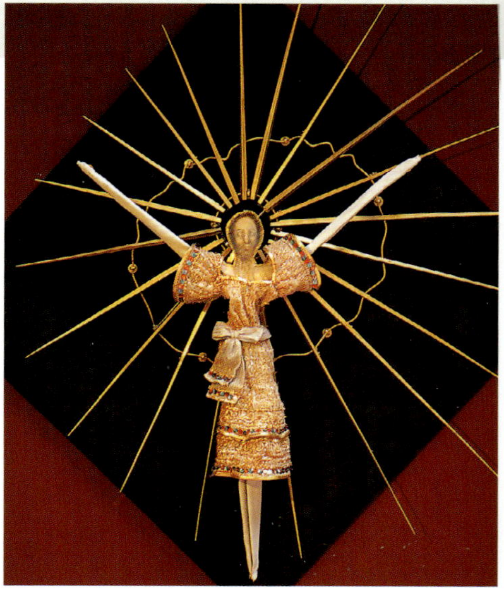

«Эль Поль и Ла Пуса» («Вошь и Блоха»)

Скульптура, посвященная двум уличным музыкантам из детства художника, игравшим (довольно плохо) на шарманке за несколько грошей.

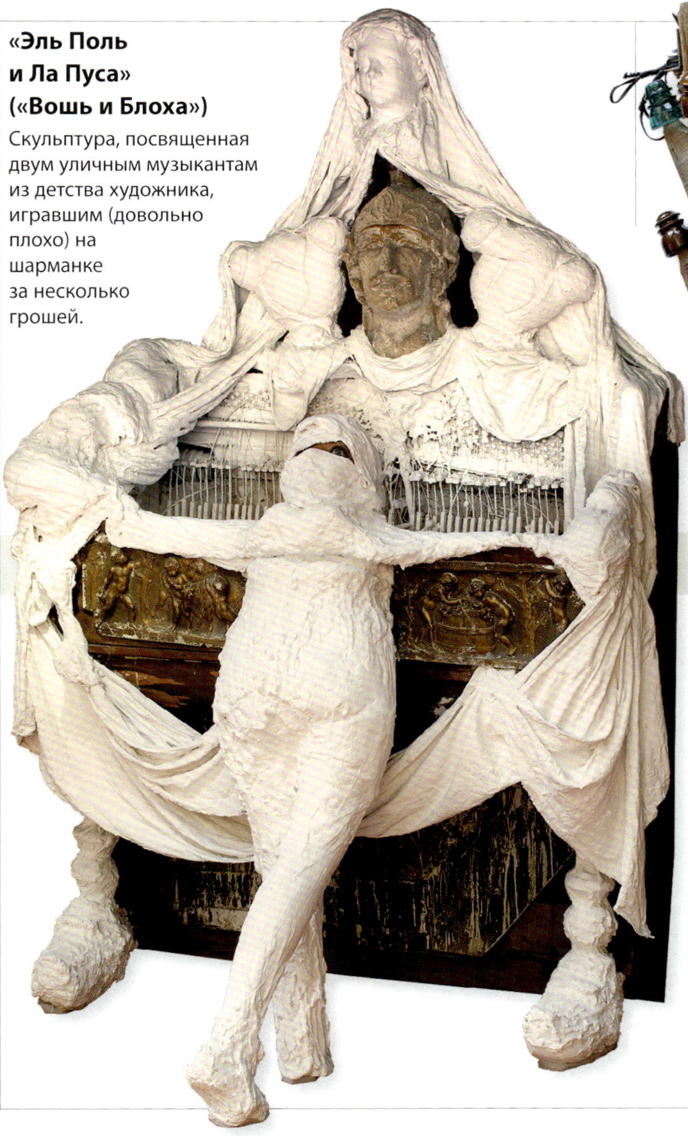

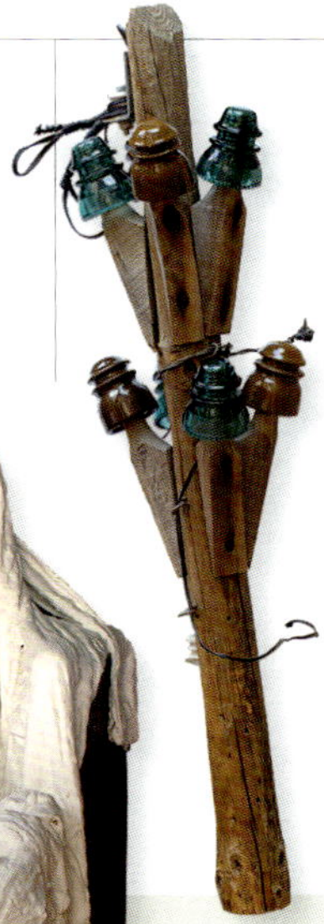

Реликт

По мнению Дали, в далеком будущем этот фонарный столб вызовет сильнейший интерес у археологов.

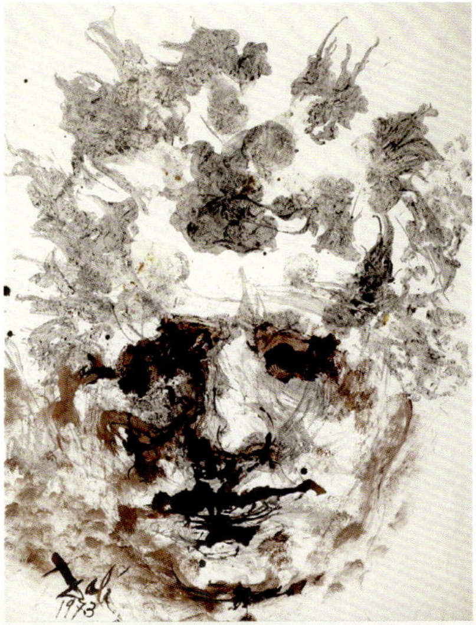

«Голова Бетховена», 1973 г., смешанная техника. Это произведение Дали выполнил, бросая живых осьминогов на лежащую на полу бумагу и используя оставленные ими следы.

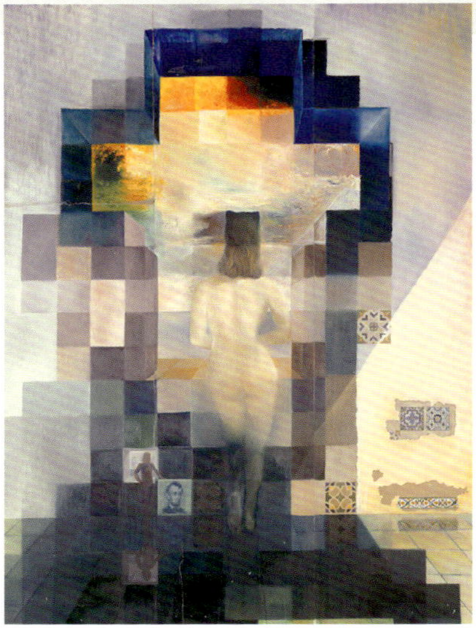

«Обнаженная Гала, смотрящая на море, которая на расстоянии 18 метров трансформируется в портрет Авраама Линкольна», 1975 г. Эта картина, посвященная Марку Ротко, – первый пример использования в живописи цифрового метода. Она выполнена по оцифрованному программистом Леоном Д. Хармоном изображению головы Линкольна.

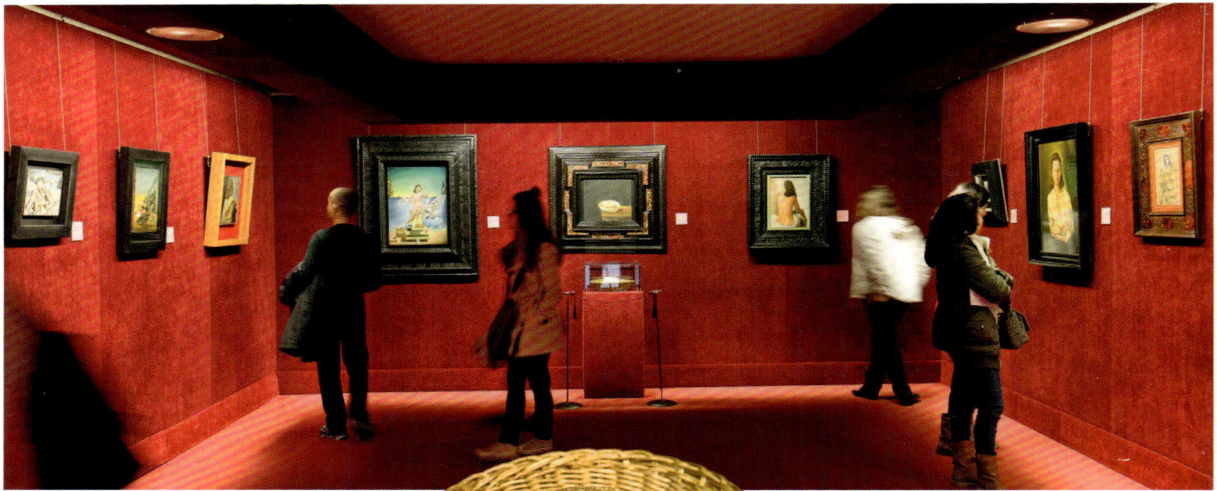

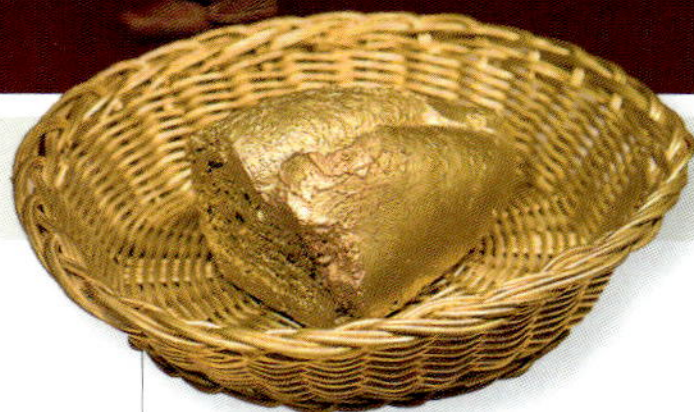

7 ЗАЛ СОКРОВИЩ

Этот зал, так названный самим Сальвадором Дали, весь обшит красным бархатом, будто шкатулка для драгоценностей. В нем находятся важнейшие из экспонатов Театра-Музея и, одновременно, произведения художника, наиболее ярко выражающие дух его творчества. Обращает на себя внимание картина «*Корзинка с хлебом*» (1945 г.), – воплощение абсолютной тайны. Гала присутствует повсюду, о чем свидетельствуют картины «*Гала со спины, смотрящаяся в невидимое зеркало*» (1960 г.) и «*Атомная Леда*» (1949 г). Нарочитое нарушение хронологического порядка создает интересную игру художественных образов и смысловых перекличек.

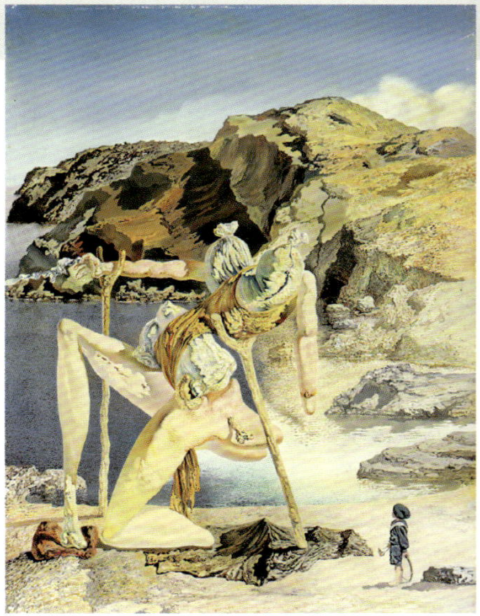

«*Призрак сексуальной привлекательности*», 1934 г. В нижней правой части картины Дали изобразил себя ребенком в матросском костюмчике, разглядывающим огромное чудовище, одновременно мягкое и жесткое (символ сексуальности) на фоне гиперреалистического пейзажа мыса Креус.

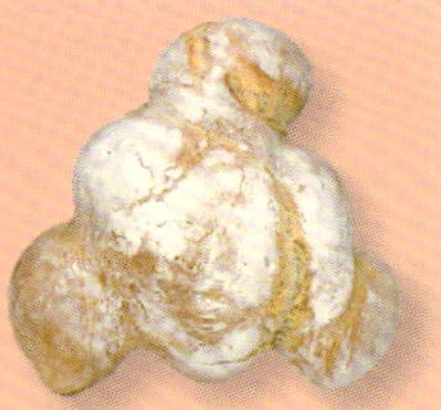

Хлеб

В образной системе Дали хлеб несет наибольшую смысловую нагрузку. В период раннего сюрреализма, период эпатажа, художник наделяет его фаллическим смыслом; в период увлечения классическим искусством его начинает привлекать форма: «Полгода моей задачей было овладеть утерянной техникой старых мастеров. Это самая строго выдержанная картина с точки зрения геометрической композиции». В ядерно-мистический период Дали хлеб ассоциируется со святым причастием.

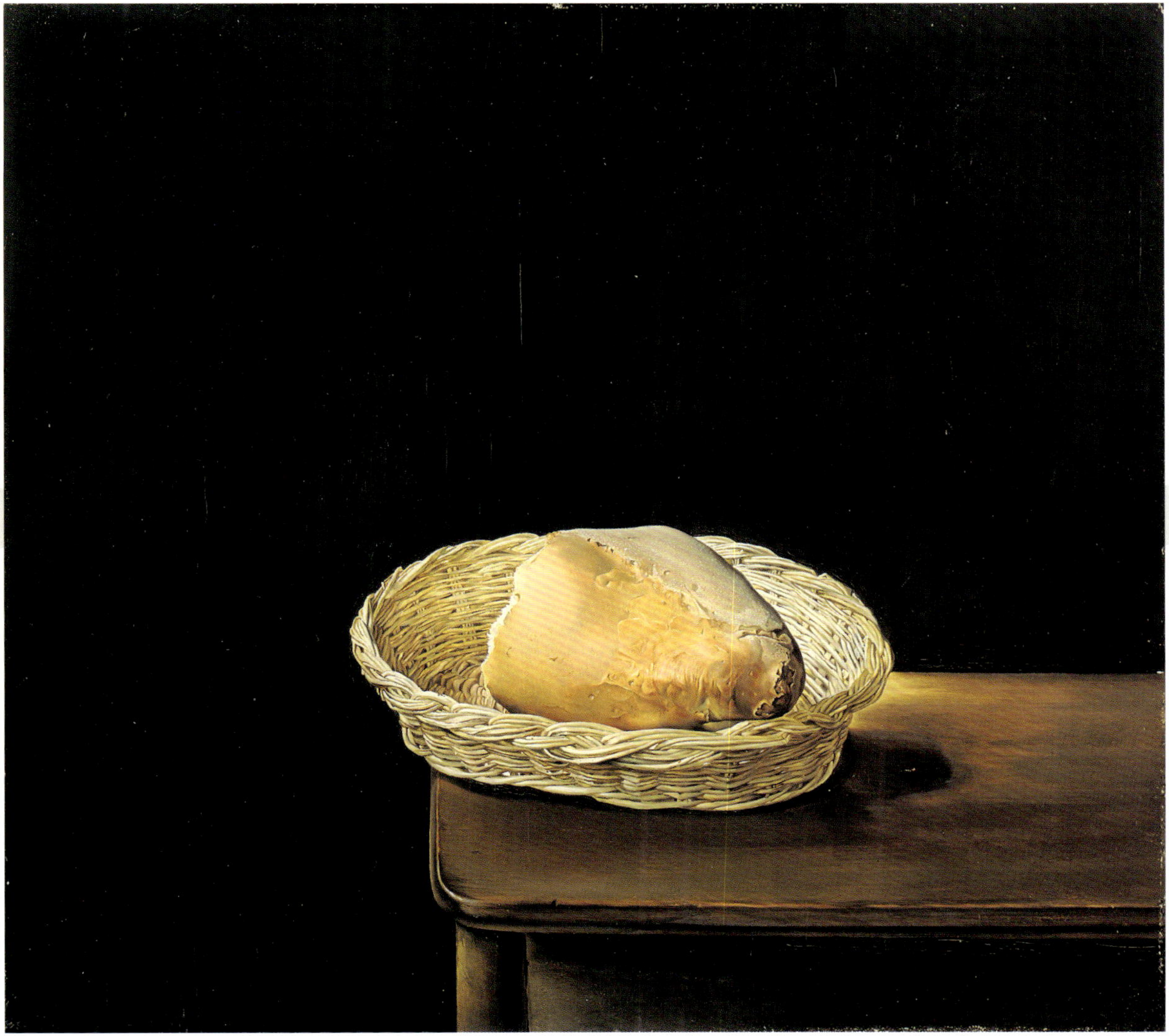

«*Корзинка с хлебом*», 1945 г. «Эта типично реалистическая работа, как оказалось, больше всего остального удовлетворила мою фантазию». **С. Дали**

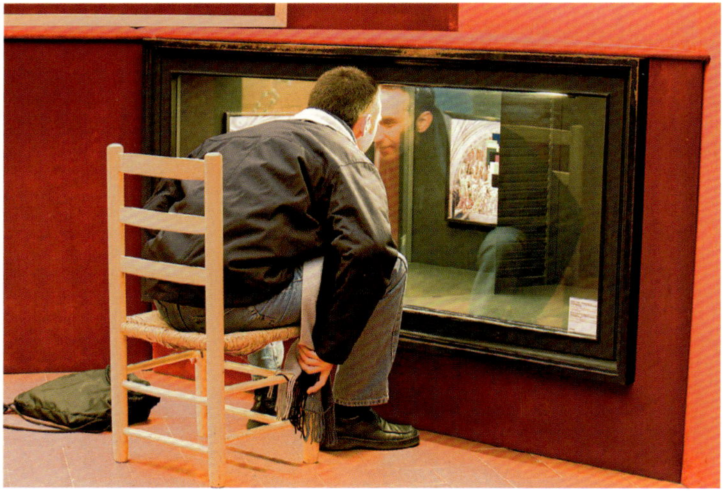

Стереоскопические картины
Обе картины – «Пожар Борго» справа и «Афинская школа» слева – воспроизводят фрески Рафаэля.

8 ЗАЛ РЫБНЫЕ ЛАВКИ

В этом зале собраны работы различных периодов творчества художника, в основном первого и последнего. Хронологический порядок или какая-либо систематизация в их расстановке отсутствует. Следует обратить внимание на «*Автопортрет с "Юманите"*» и «*Сатирическую композицию*» (1923 г.), «*Симбиоз женщины и животного*» и «*Дохлую птицу*», (1928 г.). Из последних работ интересны «*Отелло, видящий сон о Венеции*» и «*Геологическое эхо*» (1982 г.), в которых очевидно влияние Микеланджело и Веласкеса. В центральных витринах представлены два примера стереоскопии, механического способа визуальной передачи третьего измерения.

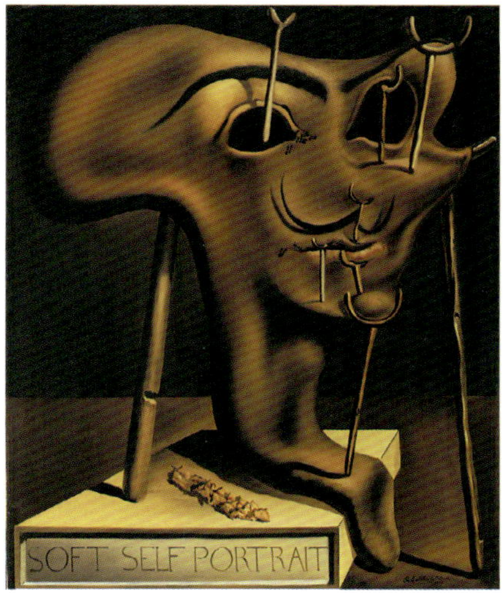

«*Мягкий автопортрет с жареным салом*», 1941 г. Согласно Дали, лучше всего нас выражает не дух, не поступки, а наша кожа.

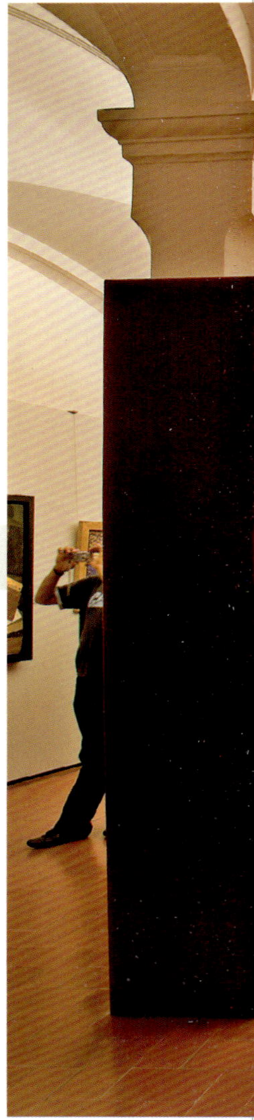

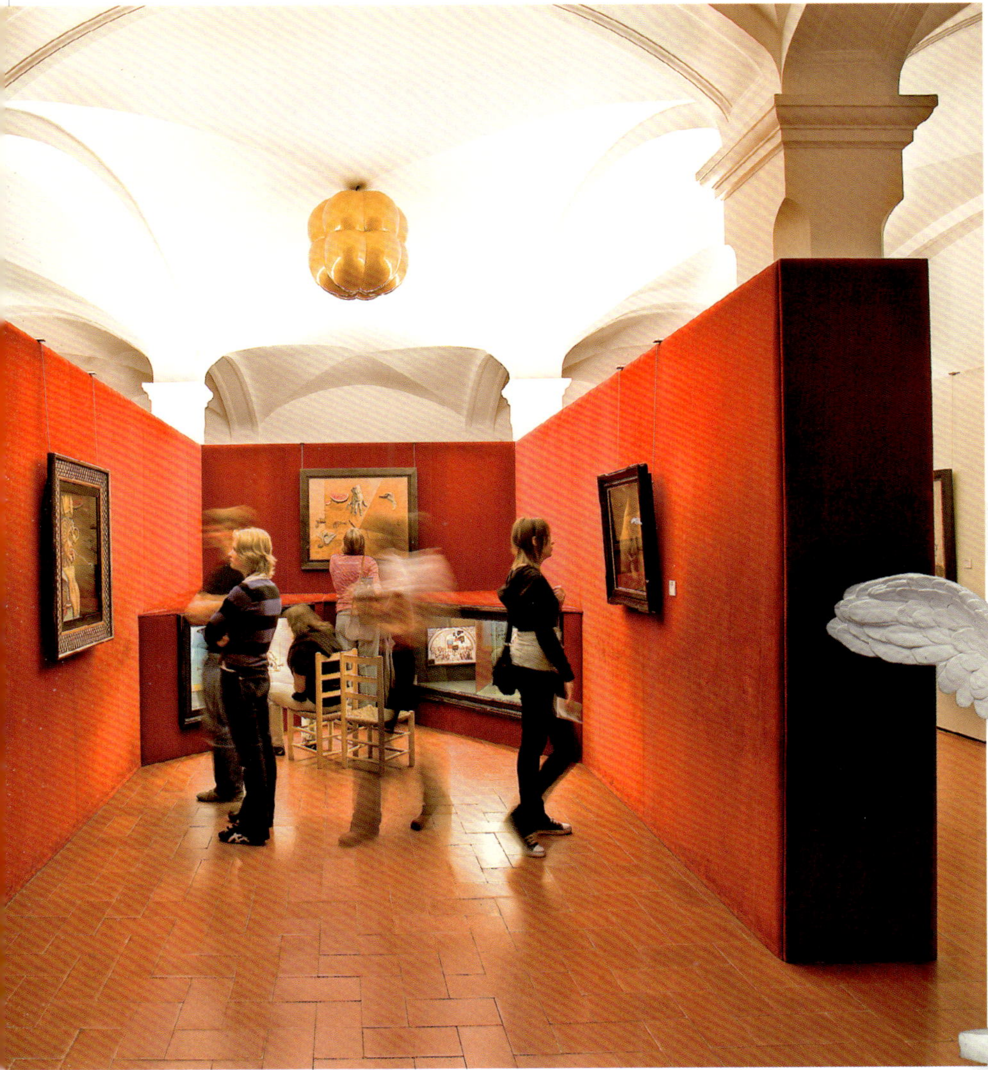

Атом

Дали говорил, что «по теории атомов мир является небесной губкой». Это соображение он хотел передать в образе атома водорода, используемого как лампа. Свое пристрастие в период ядерного мистицизма изображать все парящим в пространстве художник объяснял тем, что все элементы атома находятся в подвешенном состоянии.

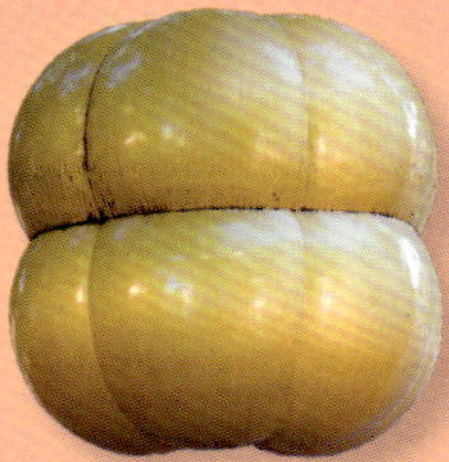

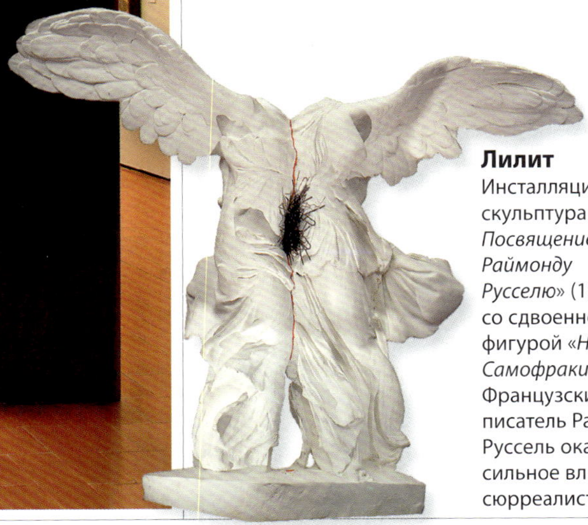

Лилит

Инсталляция-скульптура «*Лилит: Посвящение Раймонду Русселю*» (1966 г.) со сдвоенной фигурой «*Ники Самофракийской*». Французский писатель Раймонд Руссель оказал сильное влияние на сюрреалистов.

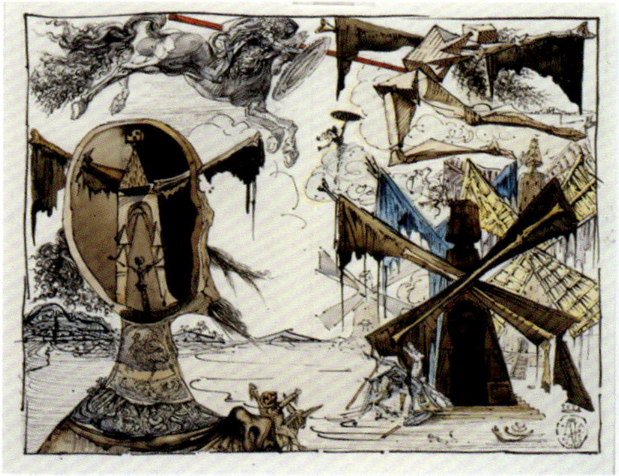

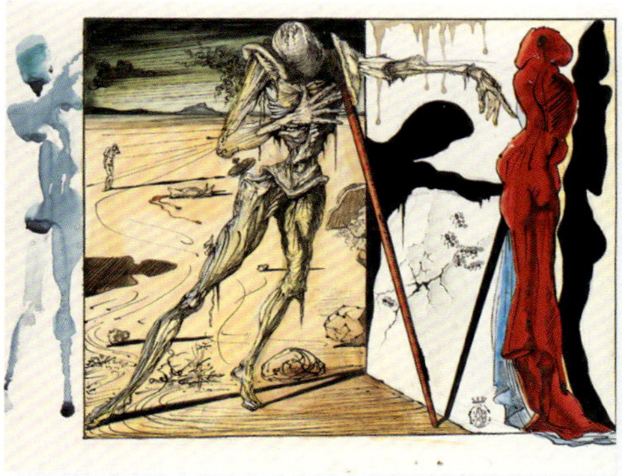

Иллюстрации к романе Сервантеса «*Хитроумный идальго Дон Кихот Ламанчский*» (1946 г.). Гениальность Сервантеса взывает к гениальности Дали, и их встреча рождает образы, полные фантазии, магии и изобретательности, иными словами, эта встреча взывает к безграничному воображению.

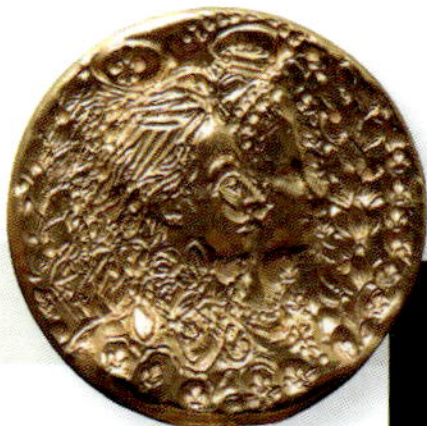

9 КРИПТА

Это крыло с тремя залами – результат первого расширения музея. В первом зале выставлены рисунки и акварельные работы. Следом – зал «Дали д'Ор», в котором экспонируется серия инкрустированных в ювелирные изделия нумерованных медалей с изображением Дали и Гала. Наконец, мы доходим до крипты, где находится надгробная плита из местного камня с надписью «Сальвадор Дали-и-Думенек. Маркиз де Дали де Пуболь. 1904-1989», охраняемая шестью жезлами-кадуцеями из той же серии «*Дали д'Ор*».

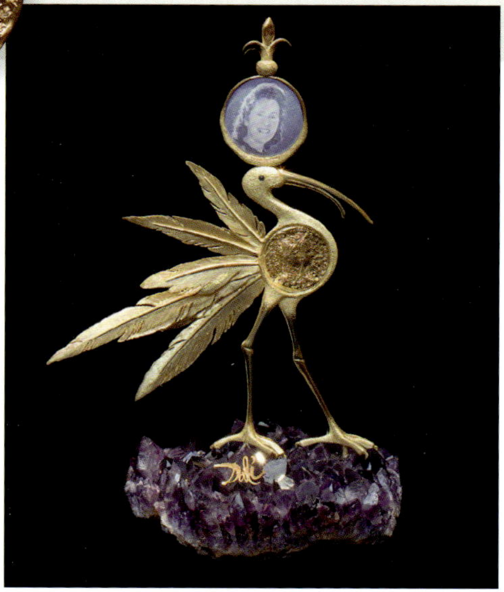

«А что такое небо? Где оно? Ведь оно не сверху, не снизу, не справа, не слева. Оно – точно посередине груди верующего человека! У меня пока что веры нет, боюсь, так без неба я и помру.»

С. Дали, «*Тайная жизнь Сальвадора Дали*», 1942 г.

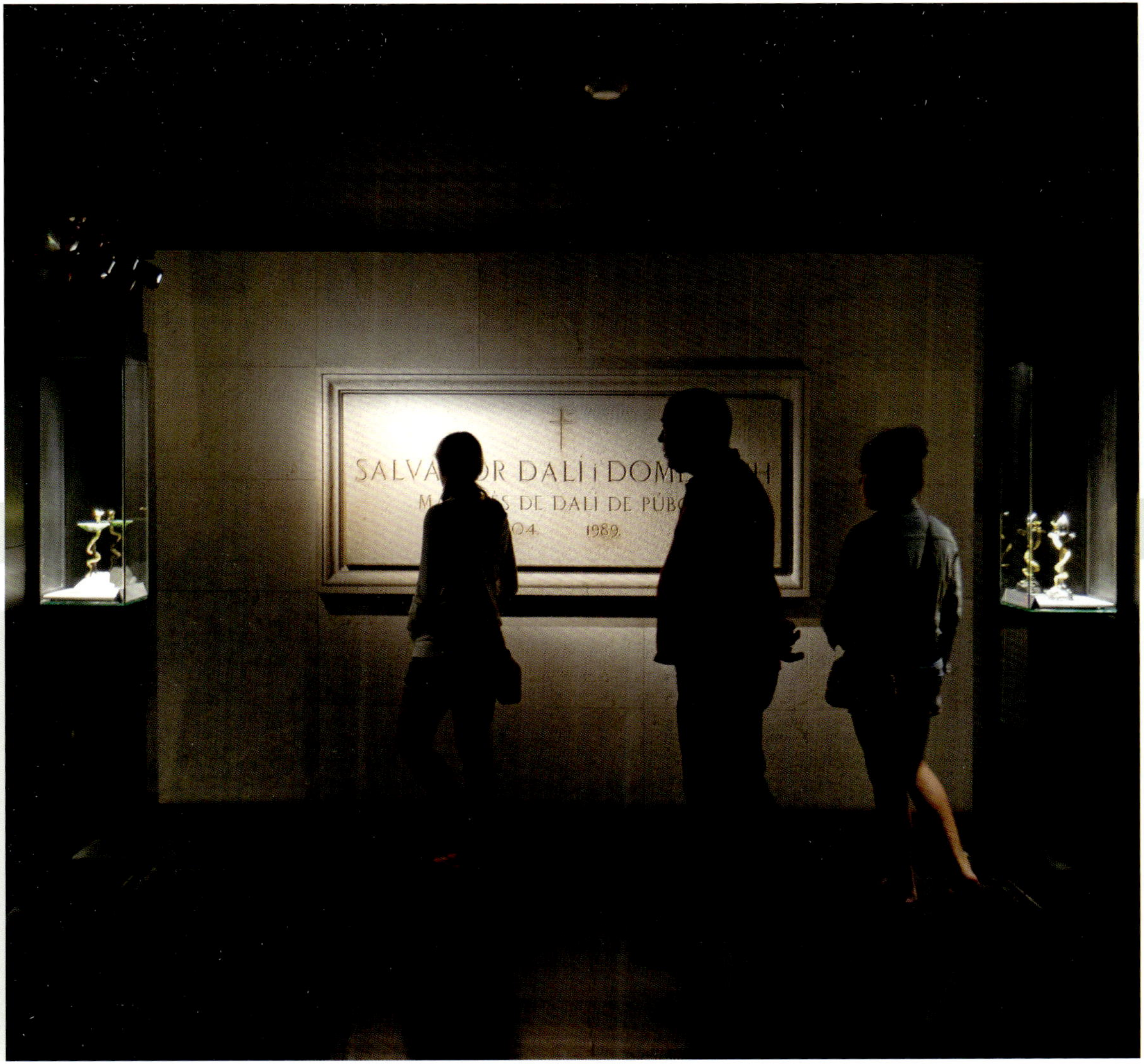
1989.

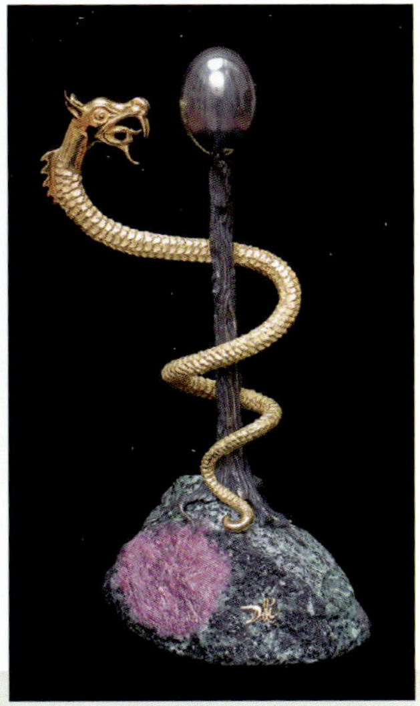

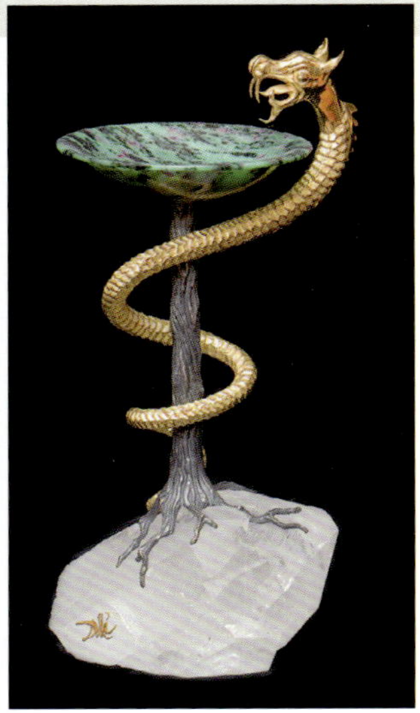

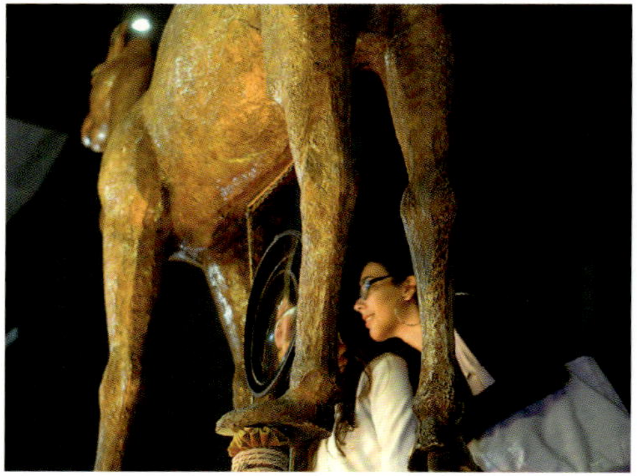

Линза

Эта линза позволяет нам увидеть лицо Мэй Уэст как трехмерную композицию с диваном-губами.

10

ЗАЛ МЭЙ УЭСТ

В этом зале можно увидеть пример создания трехмерной композиции (комнаты) в результате транформации двухмерного изображения – рисунка гуашью на газетной бумаге «*Лицо Мэй Уэст, которое может использоваться как комната*» (ок. 1934-35), экспонируемого в Институте Искусства Чикаго. Чтобы воспринять оптическую игру в целом, надо подняться на лестницу, завершаемую верблюдом с уменьшающей линзой, в которой и возникает лицо Мэй Уэст. Можно сказать, что в этом есть предвосхищение поп-арта. В этом зале Дали отдает дань американским художникам-гиперреалистам.

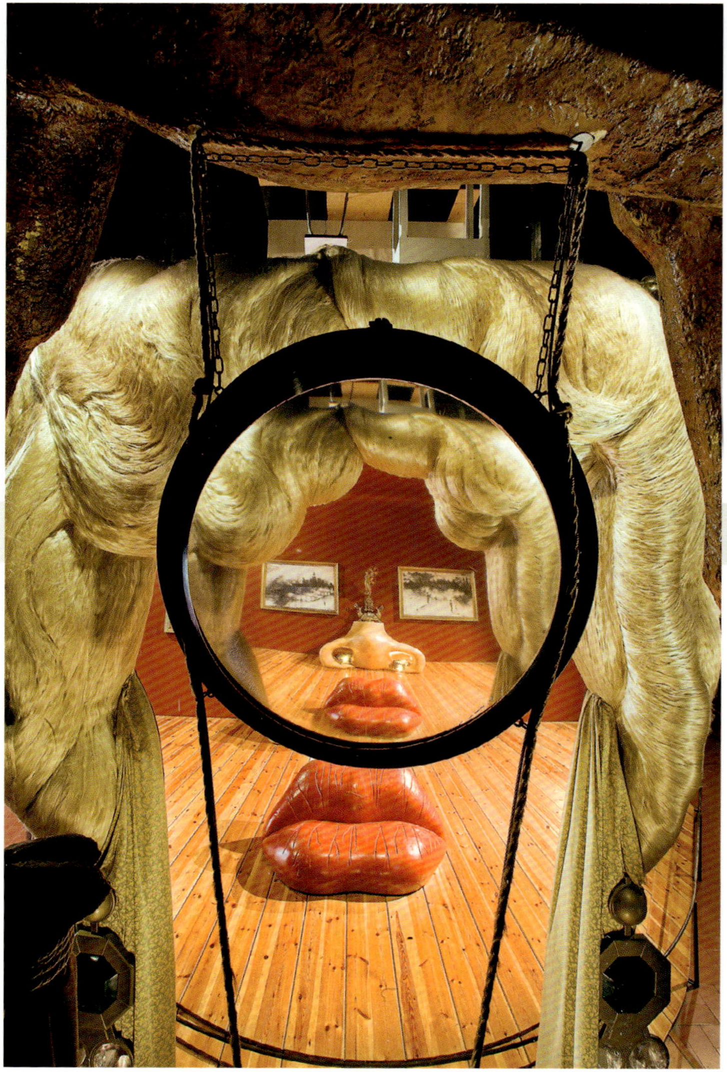

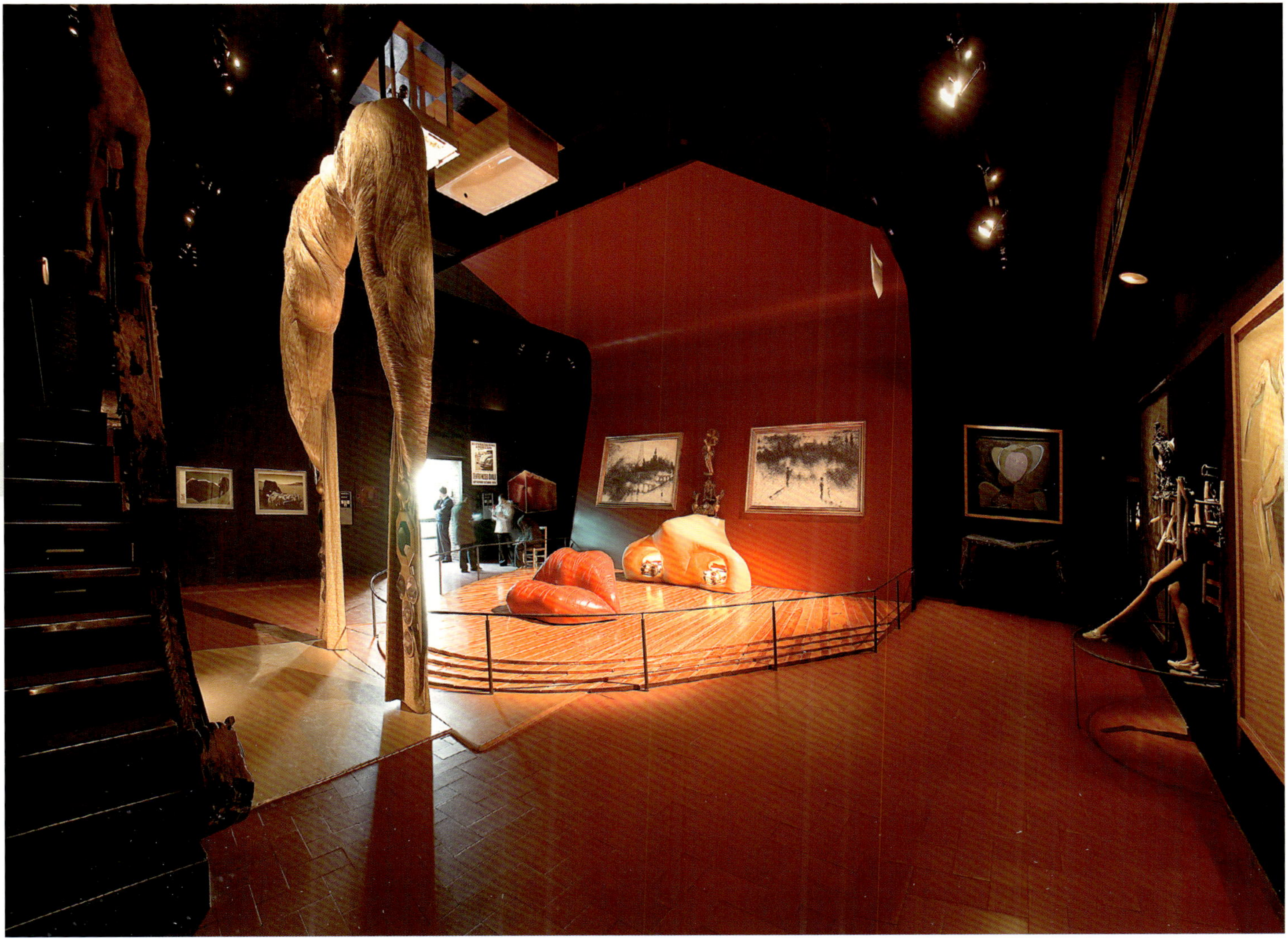

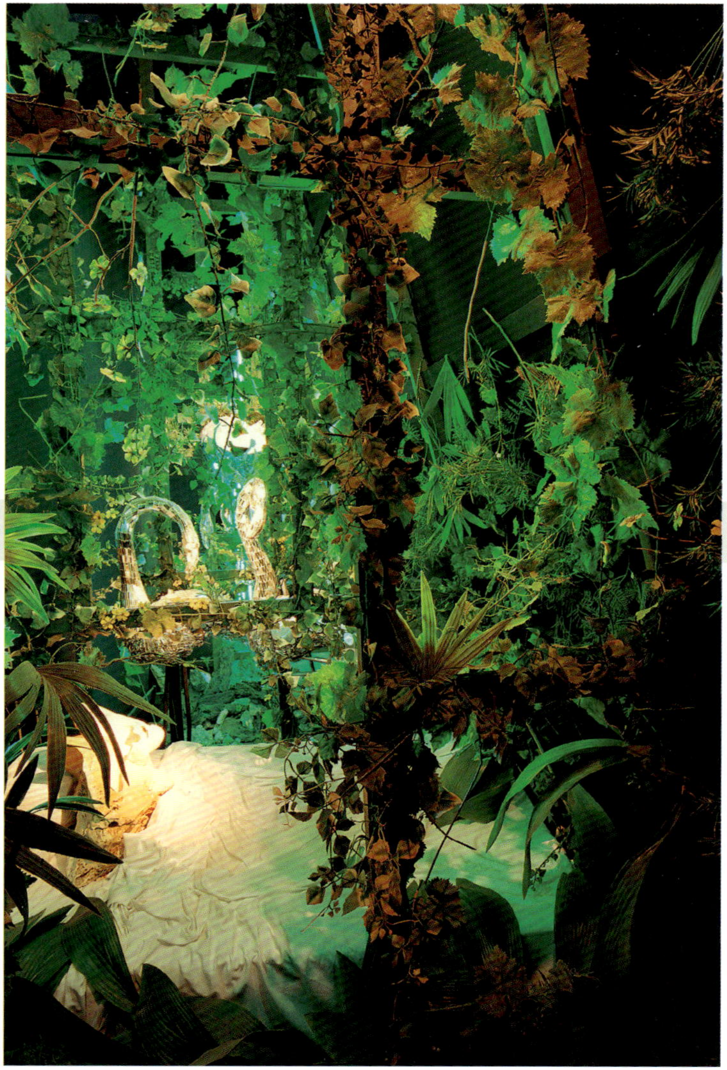

Рай

Этот монтаж можно ассоциировать с одной из инсталляций Марселя Дюшана или другими инсталляциями самого Дали, в частности, «*Сном Венеры*».

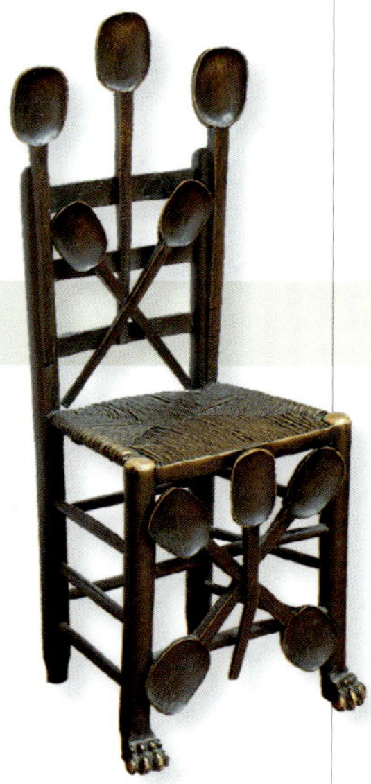

«*Стул с ложками*» Бронзовая скульптура, спроектированная Дали по образцу обычного стула.

Скульптура «*Стул-манекен*» 1976 г., созданная Дали специально для этого зала, – характерный образец экспоната, смонтированного из разнородных элементов.

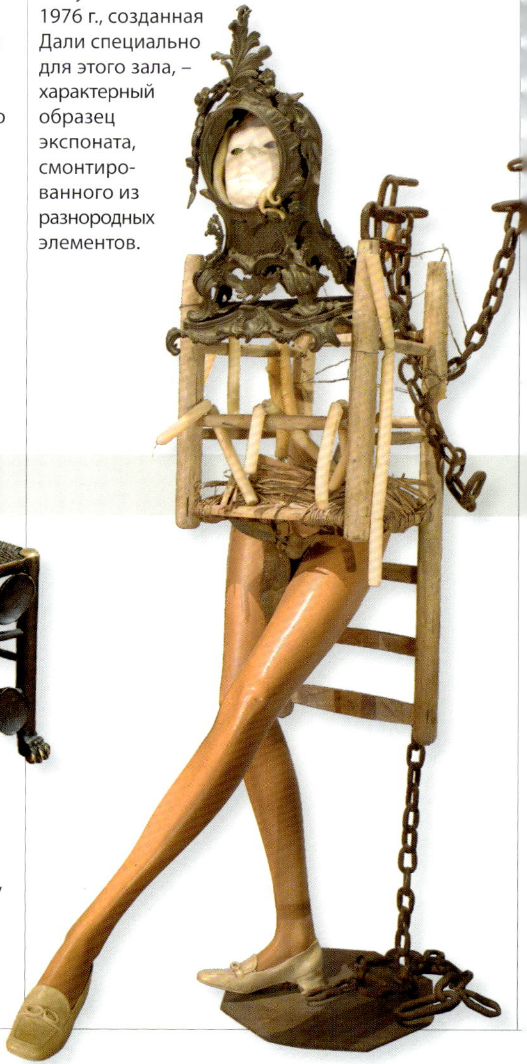

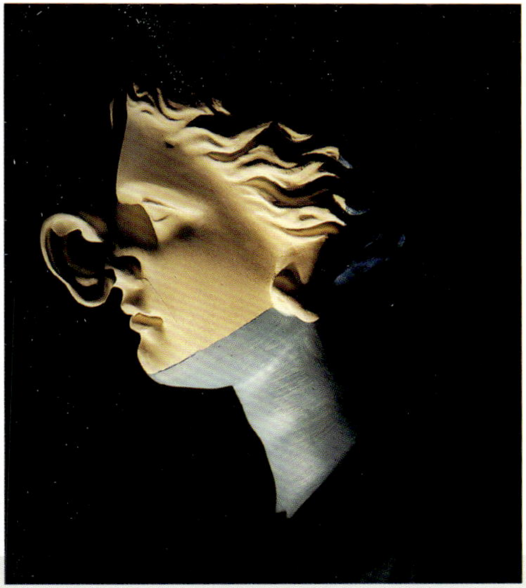

Три экспоната, представляющие творчество Дали во всей его сложности: коннотации античного искусства и мифологии уживаются с авангардными приемами.

«Оториноларингологическая голова Венеры», 1964 г.

«Венера Милосская с шеей жирафа и ящиками», 1973 г.

«Голова Микеланджело», ок. 1975 г.

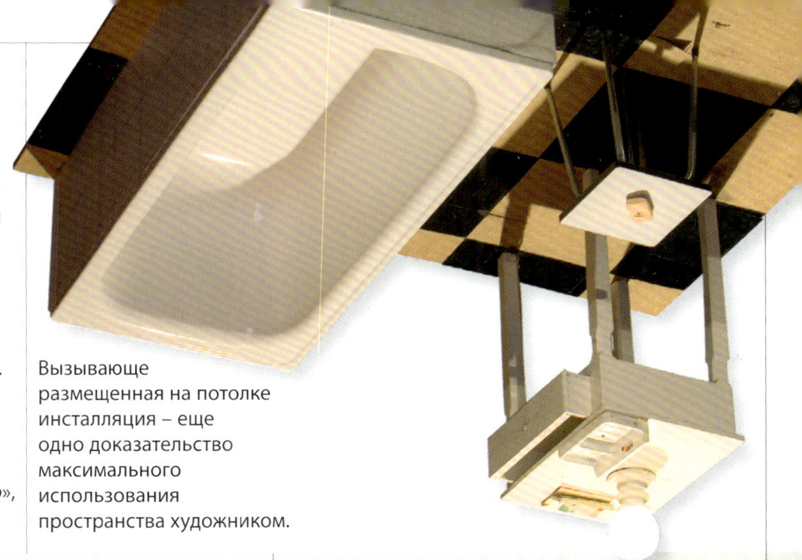

Вызывающе размещенная на потолке инсталляция – еще одно доказательство максимального использования пространства художником.

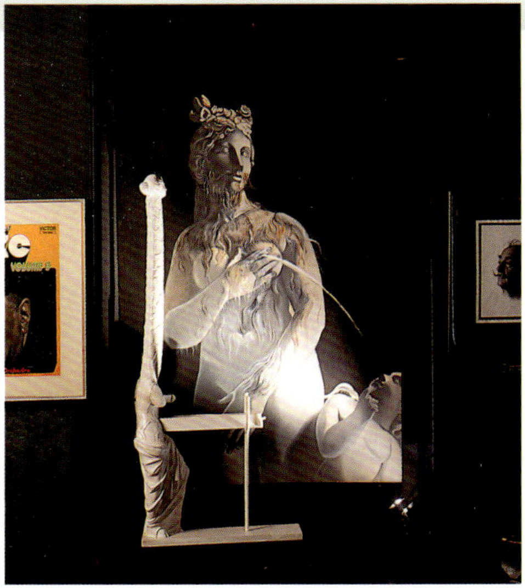

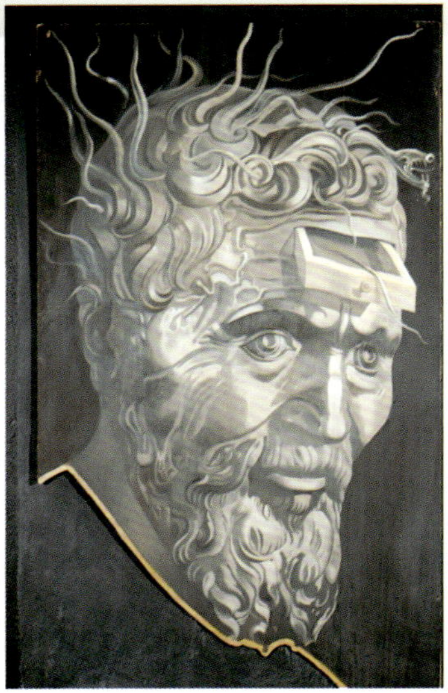

Ящики

Один из характерных образов Дали – выдвижной ящик, зачастую открывающийся из человеческого тела. Это – символ сознания. У Дали фигуры с ящиками говорят о таинстве познания и необходимости распространения знаний. Это также и дань Зигмунду Фрейду и его теории психоанализа.

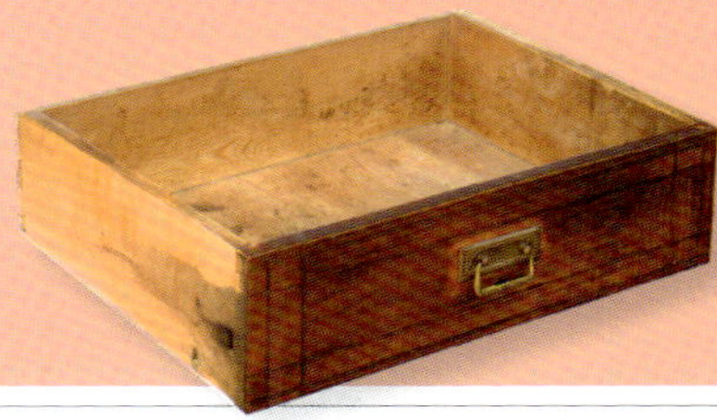

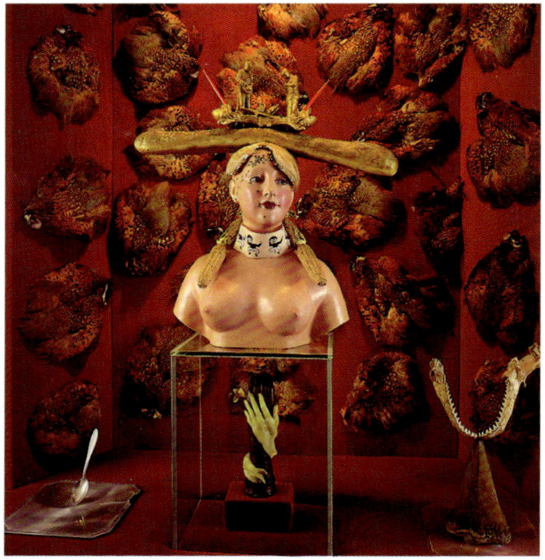

«Ретроспективный женский бюст», 1933 г., копия 1970 г.

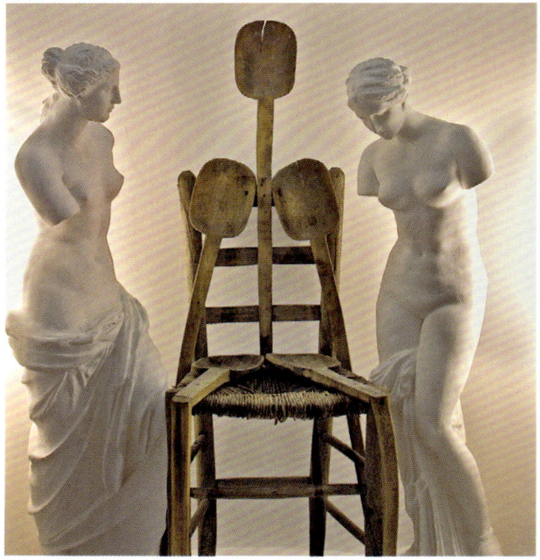

Эта инсталляция Дали основана на полной таинственности игре двигающихся по кругу взглядов ее участников.

11 КОРИДОРЫ

Цокольный этаж: Литографии из серии «*Озорные сны Пантагрюэля*» (1973 г.), перемежающиеся четырьмя витринами с инсталляциями Дали, в которых разрабатываются идеи тайны, оптических эффектов и сюрреалистических игр.

Первый этаж: Здесь следует отметить работу «*Ретроспективный женский бюст*», 1933 г. Дали внес большой вклад в изобретение сюрреалистического объекта. На этом этаже также находится «*Венера Милосская с ящиками*» и витрина, посвященная полотну Милле «*Анжелюс*», на основе которого Дали разрабатывал свой знаменитый параноико-критический метод.

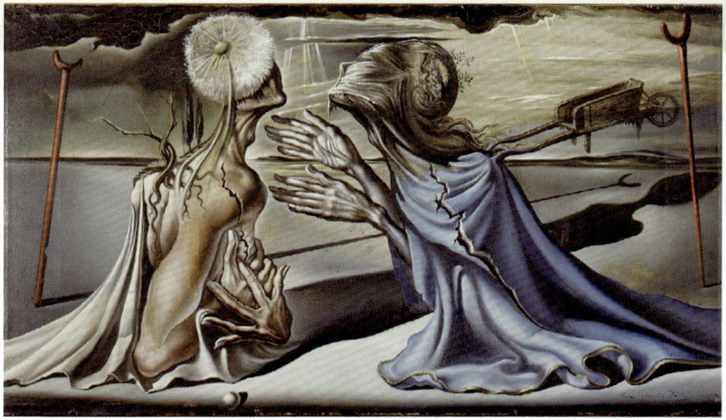

Картина «*Тристан и Изольда*» (1945 г.) – один из задников к балету «Безумный Тристан».

Параноико-критический метод

Дали определял его так: «На самом деле я всего лишь автомат, бесстрастно и с максимально возможной точностью регистрирующий то, что диктует мне мое подсознание: сны, видения, галлюцинации и любые облеченные в конкретную форму иррациональные проявления темного волнующего мира, открытого Фрейдом… Зритель должен получать наслаждение от безграничных возможностей тайн и загадок, предлагаемых этими образами его подсознанию».

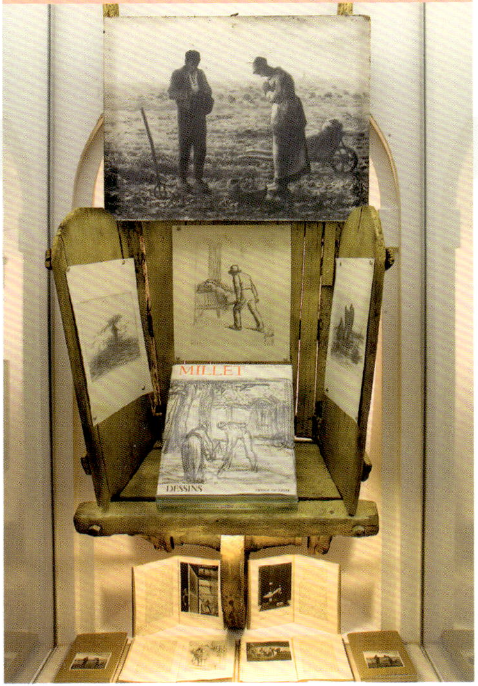

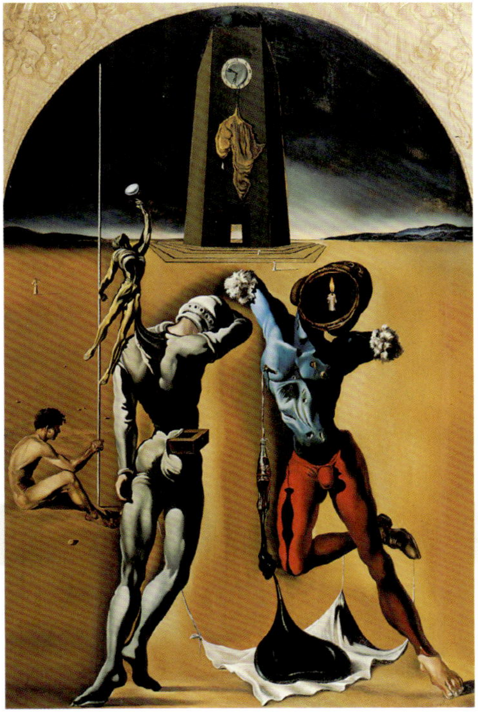

«*Поэзия Америки*», или «*Космические атлеты*», 1943 г. Эту работу, относящуюся к американскому периоду, можно считать предвестием такого нового веяния в культуре двадцатого века, как поп-арт.

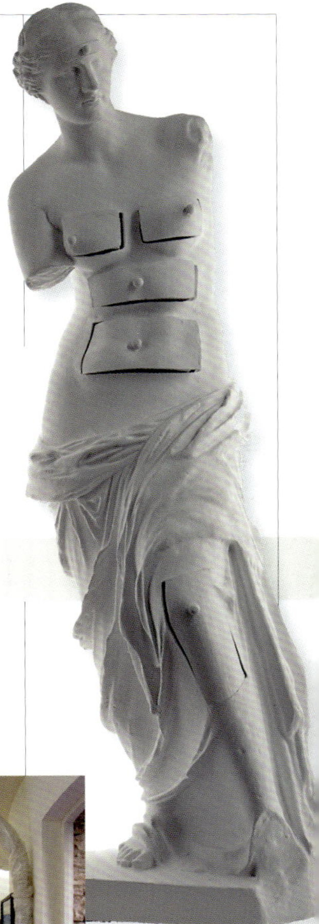

«*Венера Милосская с ящиками*»,1936-64 г.

Вход на выставку произведений Эвариста Вальеса.

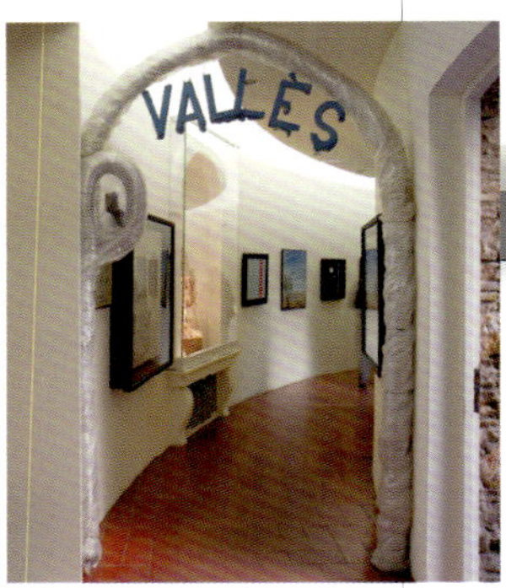

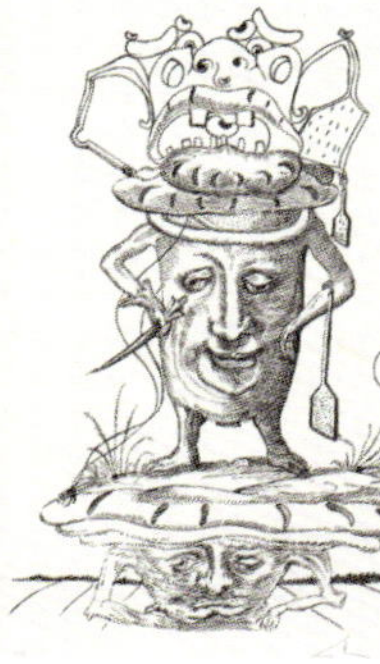

Литография из серии «*Озорные сны Пантагрюэля*», 1973 г.

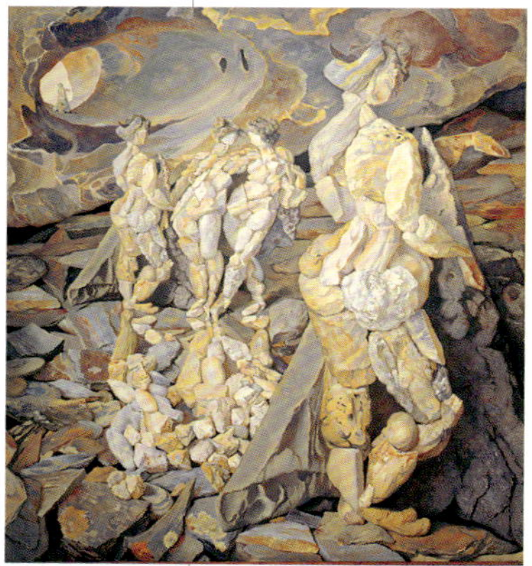

«Аллегория памяти», 1979 г.

«Антони Пичот поражает великолепием шелковых и бархатных камней».
С. Дали

12 ВТОРОЙ И ТРЕТИЙ ЭТАЖИ

По желанию Дали на втором этаже размещается постоянная экспозиция работ Антони Пичота. Впечатляет полотно *«Аллегория памяти»*, занимающее видное место в самом конце коридора. На третьем этаже находится зал Шедевров, где можно увидеть произведения разных художников и эпох, собранные Дали на протяжении многих лет, а также несколько его собственных работ, которые он считал «нетленными шедеврами».

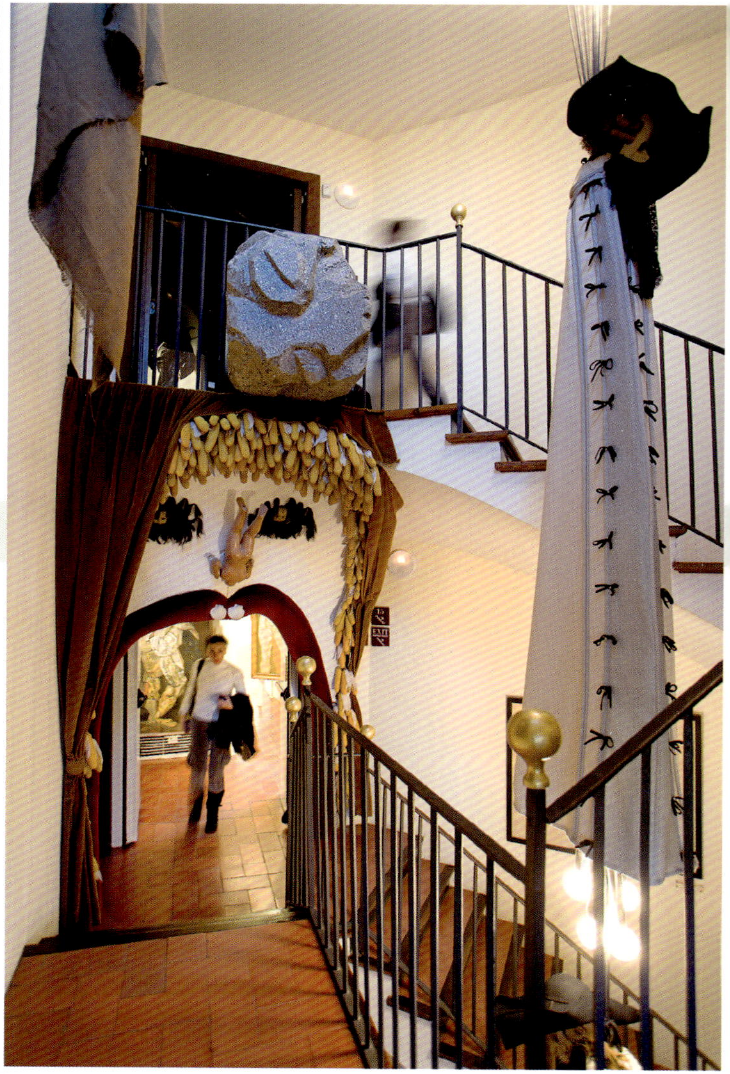

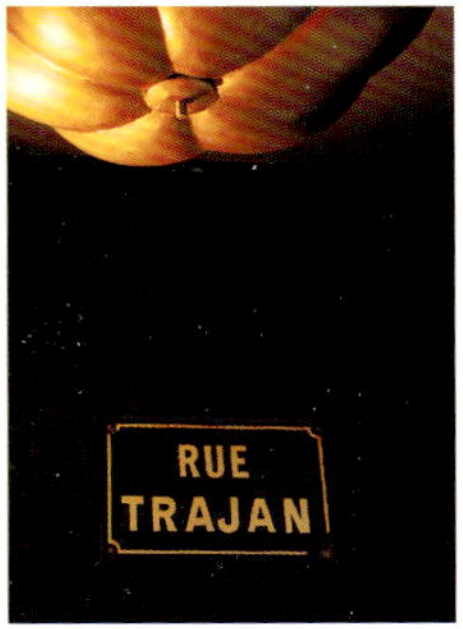

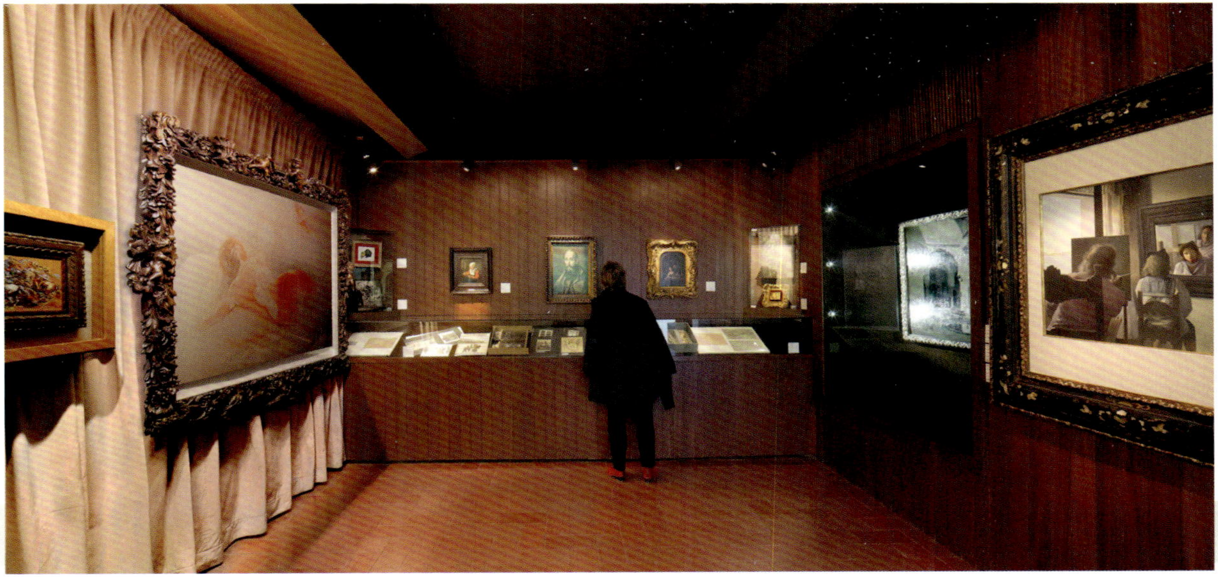

Зал Шедевров

В зале Шедевров в нарочитом хронологическом беспорядке выставлены собранные Дали произведения различных авторов, наряду с его собственными работами. Справа – одна из его стереоскопических. работ. Здесь также представлены Эль Греко, Герард Доу, Мейсонье, Бужеро, Фортунь, Уржель и Марсель Дюшан.

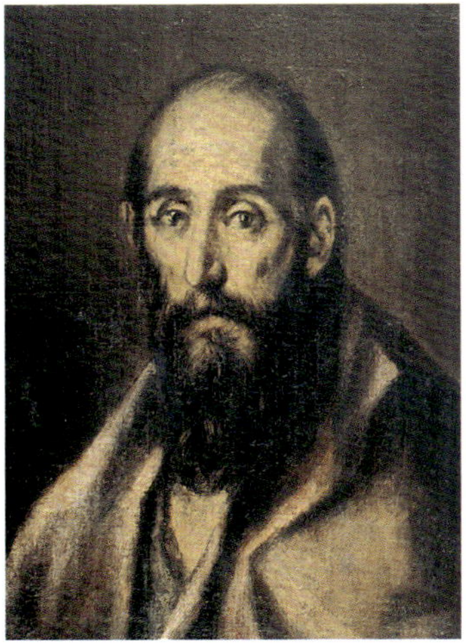

«Святой Павел», Эль Греко.

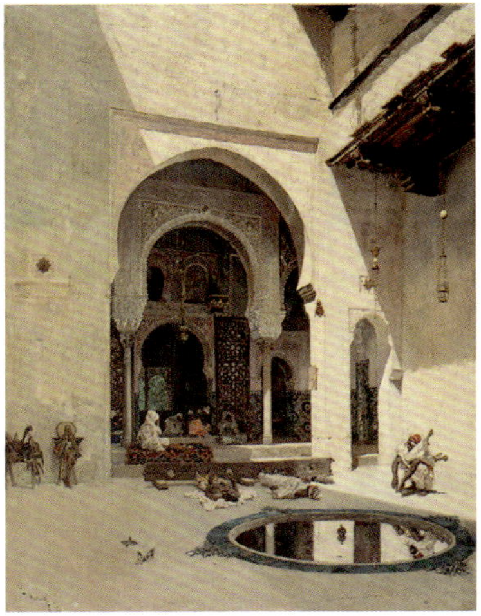

«Суд в Альгамбре» (1871 г.) М. Фортунь.

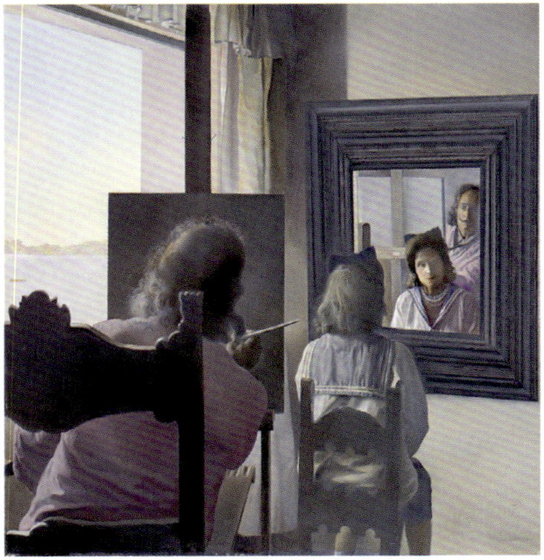

«Дали со спины, пишущий Гала со спины, увековеченную шестью виртуальными роговицами, отраженными в шести настоящих зеркалах» (1972-73 г.) С. Дали.

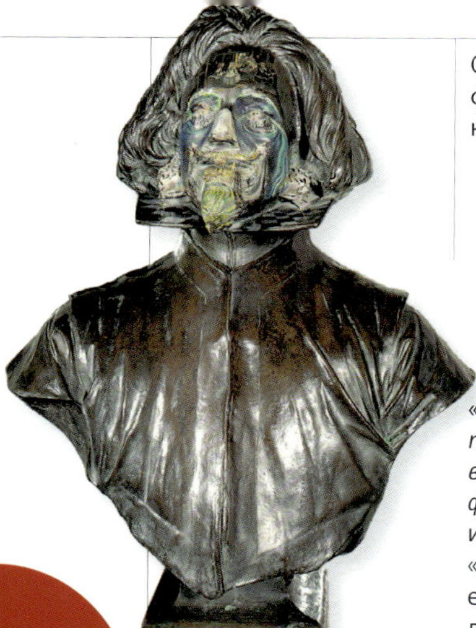

«*Бюст Веласкеса, превращающийся в три беседующие фигуры*» (1974 г.) с изображением картины «*Лас Менинас*» на лбу – еще один пример двойного образа.

Общий вид бывшего фойе театра с росписью на потолке.

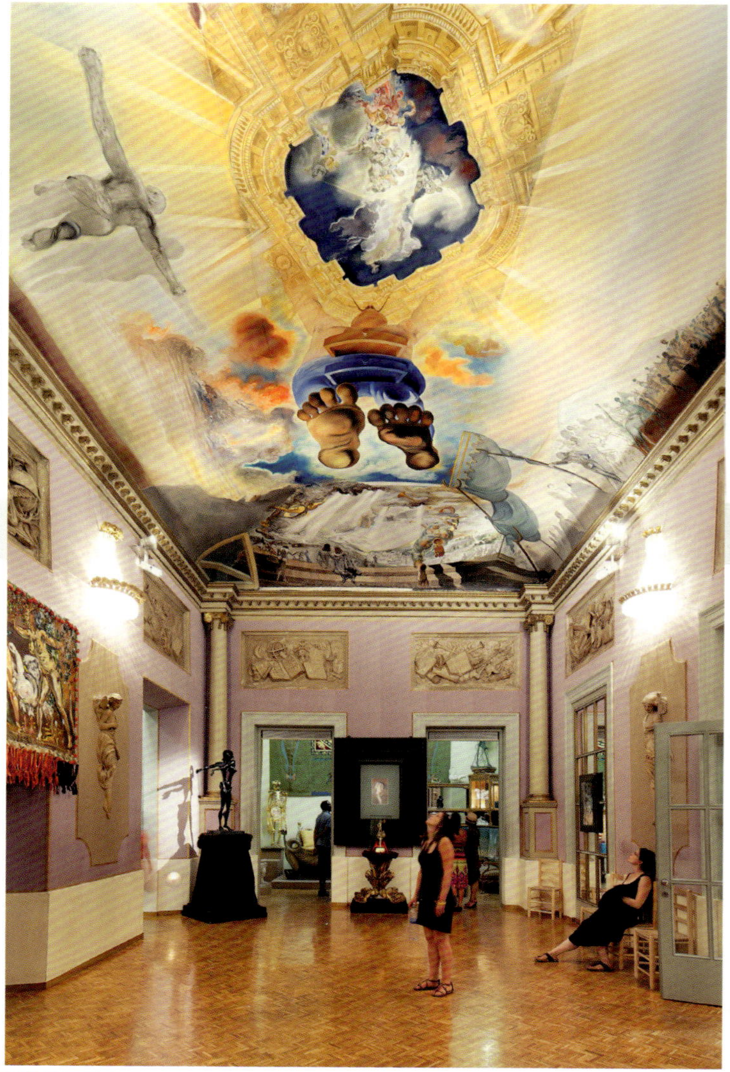

13

ЗАЛ ДВОРЕЦ ВЕТРА

В 1919 г. на проводимой в этом зале выставке Дали впервые показал свои работы. Название залу дает восхитительная роспись на потолке. Дали говорил, что эта картина таит в себе парадокс: глядящим вверх зрителям кажется, что они видят облака, небо и две поднимающиеся в воздух фигуры, но на самом деле это – чисто театральный эффект, поскольку вместо неба мы видим землю, а вместо земли – море.
В центре панно в ракурсе снизу мы видим Гала и Дали, проливающих золотой дождь над Фигерасом и Ампурданом.

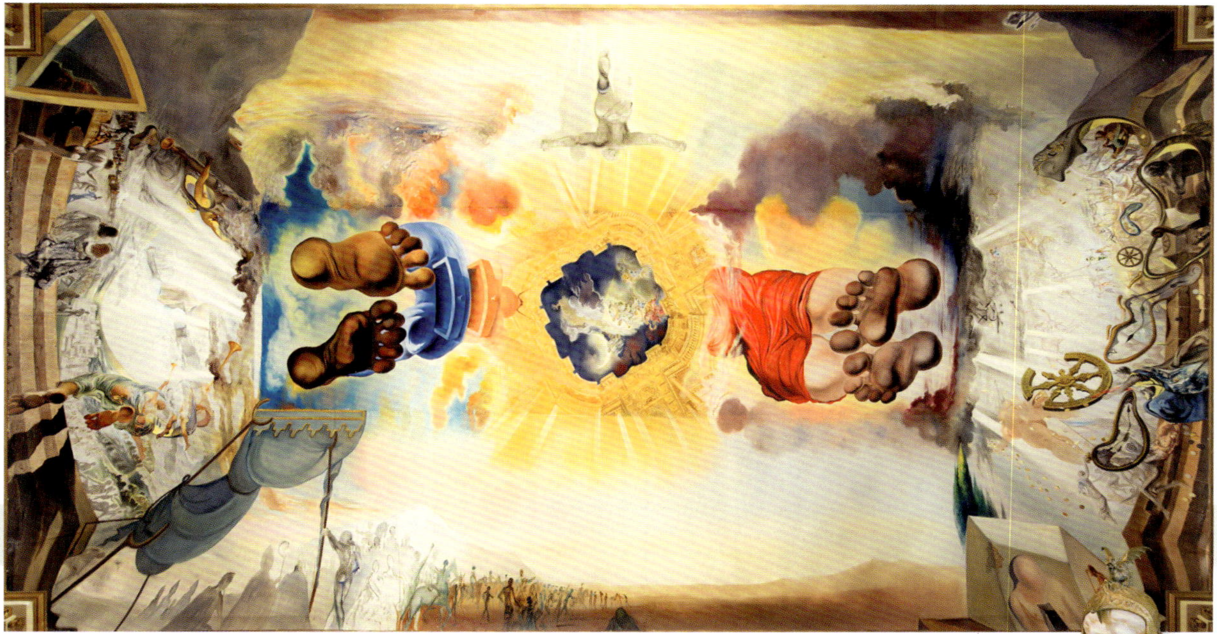

Потолок

«Дворец ветра», уникальное потолочное панно, дающее название залу. Название зала позаимствовано у каталонского поэта Жоана Марагаля, окрестившего Ампурдан «дворцом ветра» из-за часто дующей здесь трамонтаны.

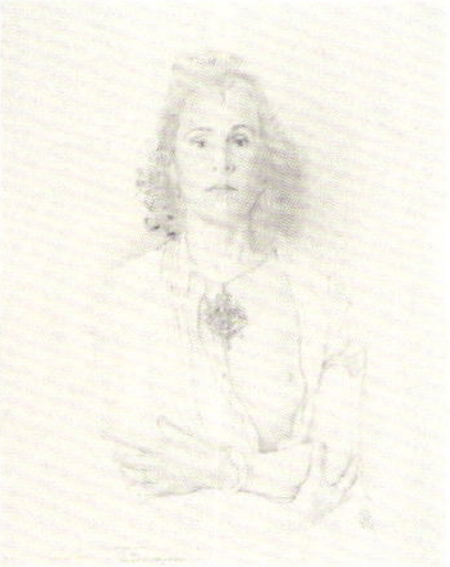

«Эскиз к картине Галарина», 1943 г.

Мягкое - твердое

Символ, часто появляющийся в его творчестве. Это – автобиографический образ: большая голова, длинные ресницы и выдающийся нос. В этом случае артист изображен увенчанным лаврами, обожествленным, в апофеозе.

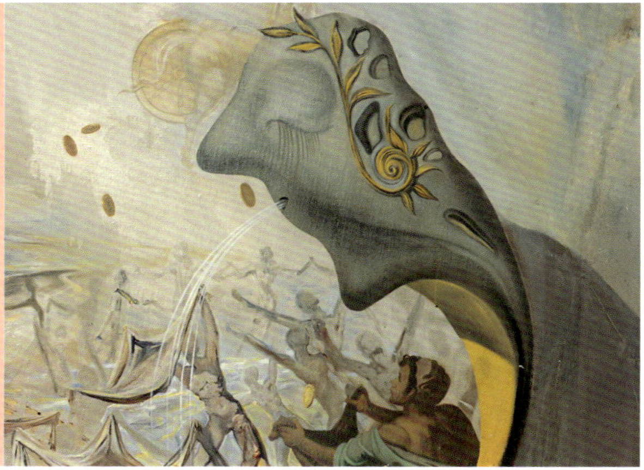

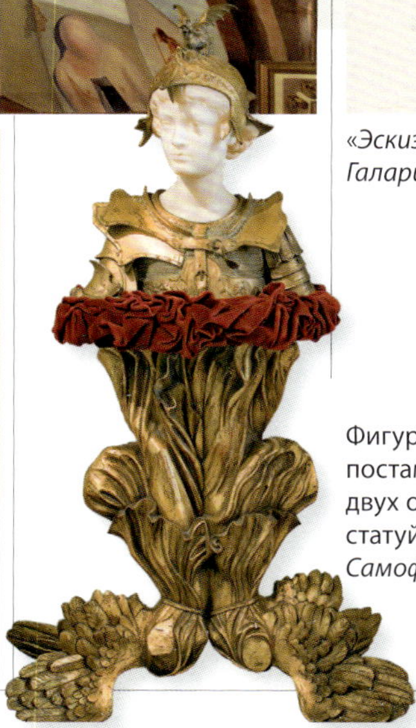

Фигура воина на постаменте из двух опрокинутых статуй *«Ника Самофракийская»*.

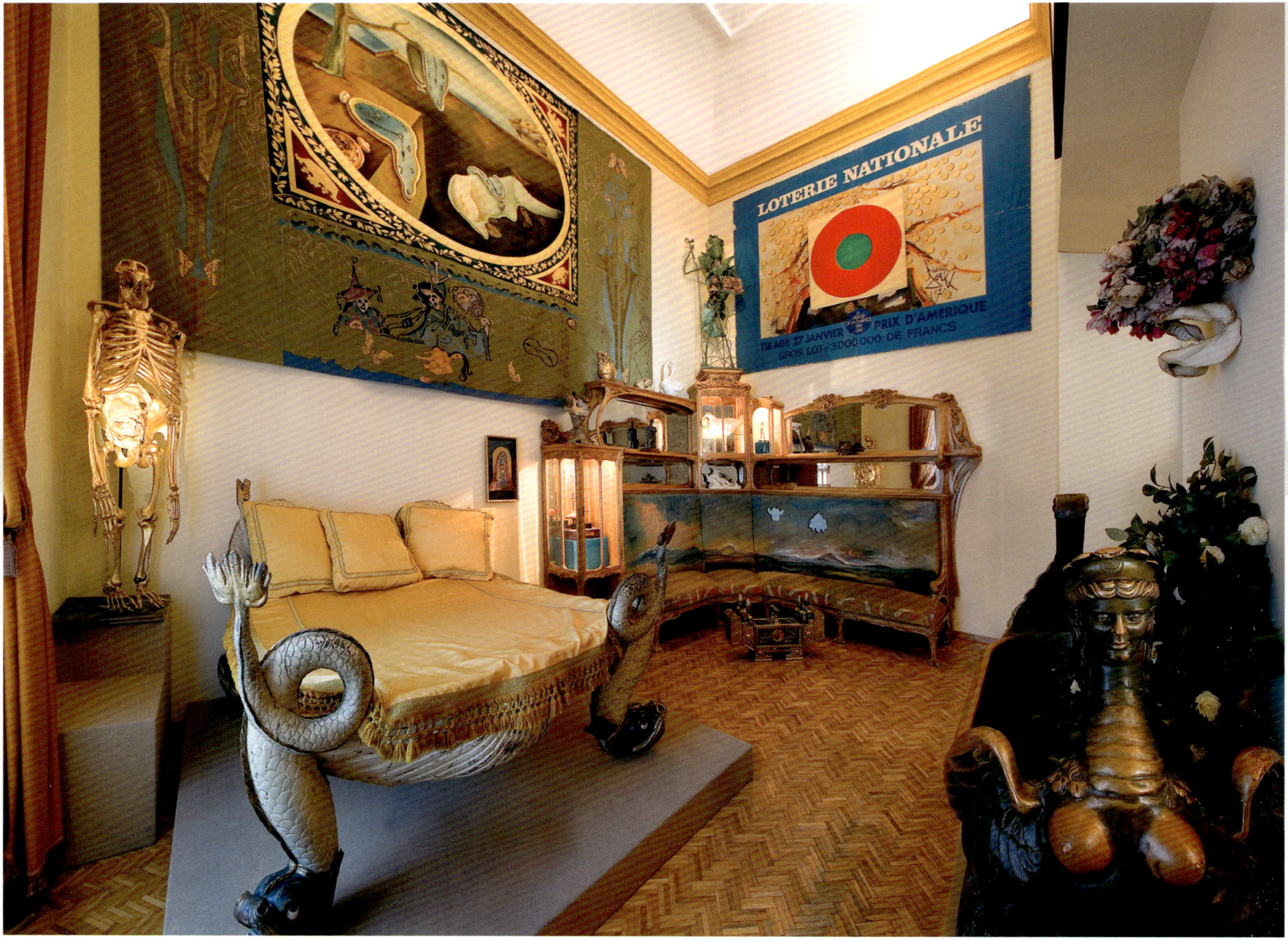
LOTERIE NATIONALE
TIRAGE 27 JANVIER
PRIX D'AMÉRIQUE
GROS LOT: 3 000 000 DE FRANCS

Спальня
Дали оформил этот зал, как собственное жилье: в убранстве спальни обращает на себя внимание гобелен «*Постоянство памяти*».

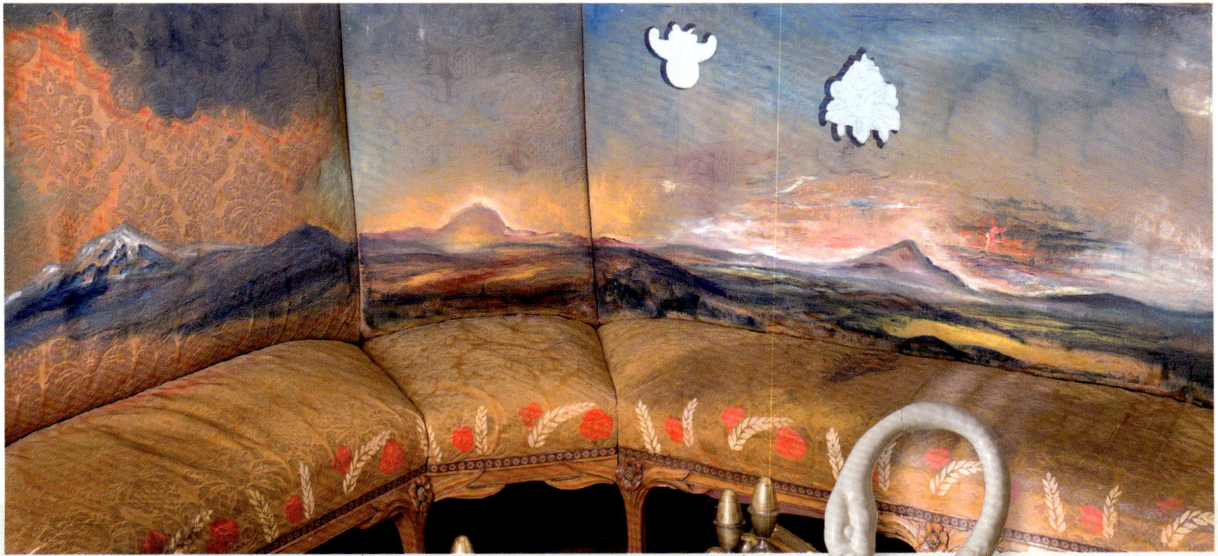

Ампурдан
Пейзаж Ампурдана, изображенный Дали на спинке дивана с витриной эпохи модерн.

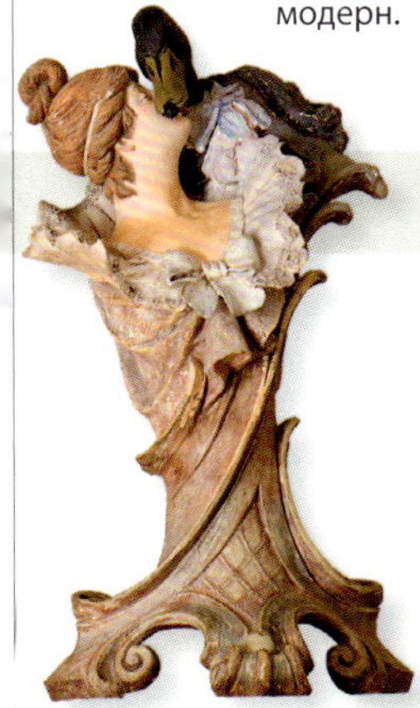

Экстаз
«Мистический экстаз – экстаз сверхрадостный, взрывной, разрушительный, сверхзвуковой, волнообразующий, корпускулярный, сверхжелеобразный». **С. Дали**

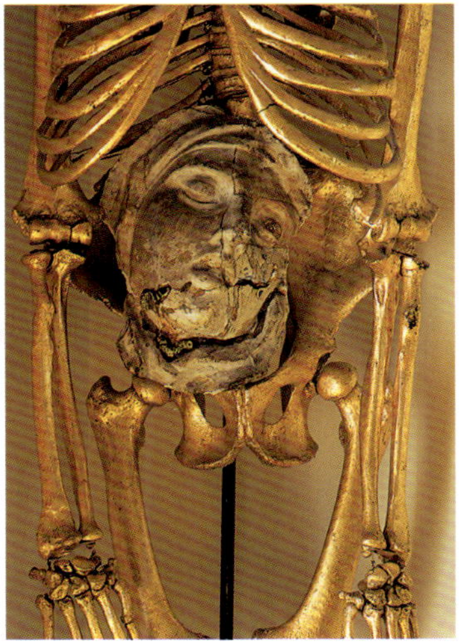

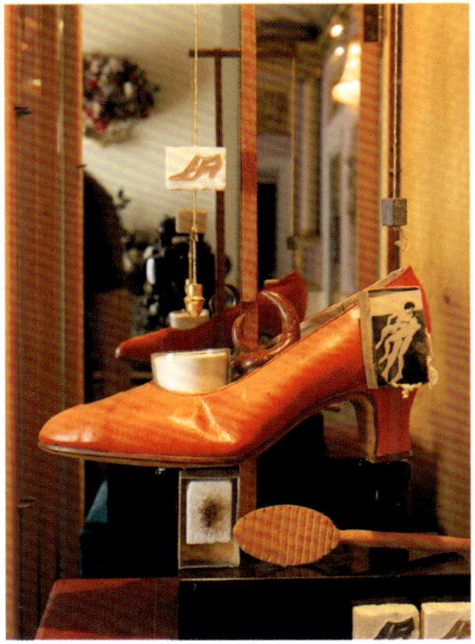

«Сюрреалистический объект с символическим функционированием», 1931 г., Дали говорит о нем в своей статье «Сюрреалистические объекты», опубликованной в журнале «Сюрреализм на службе революции».

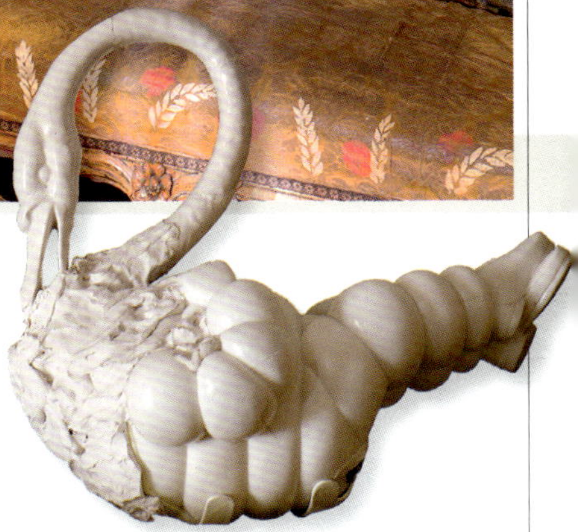

Бибендум
«Бибендум с головой и шеей лебедя»
Еще один пример слияния высокого и массового искусства.

Мастерская
Этот зал, названный мастерской, Дали посвятил Вечной Женственности. На первом плане – гиперреалистическая скульптура Джона де Андреа, на фоне полотна Мейфрена с пейзажем городка Кадакес.

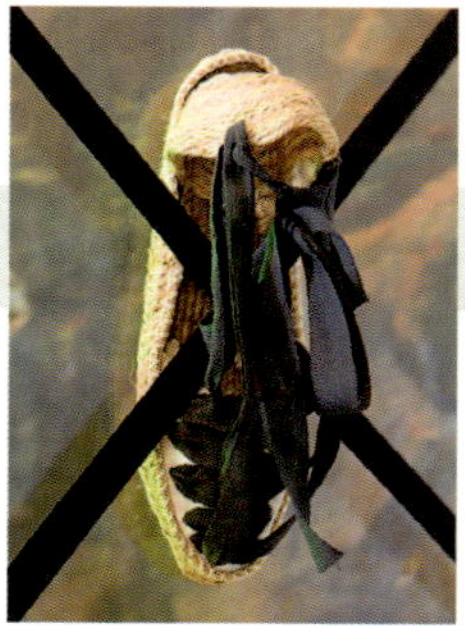

Эспарденьяс
Сандалии каталонских крестьян, которые Дали очень любил носить, тоже попали в его творческую вселенную.

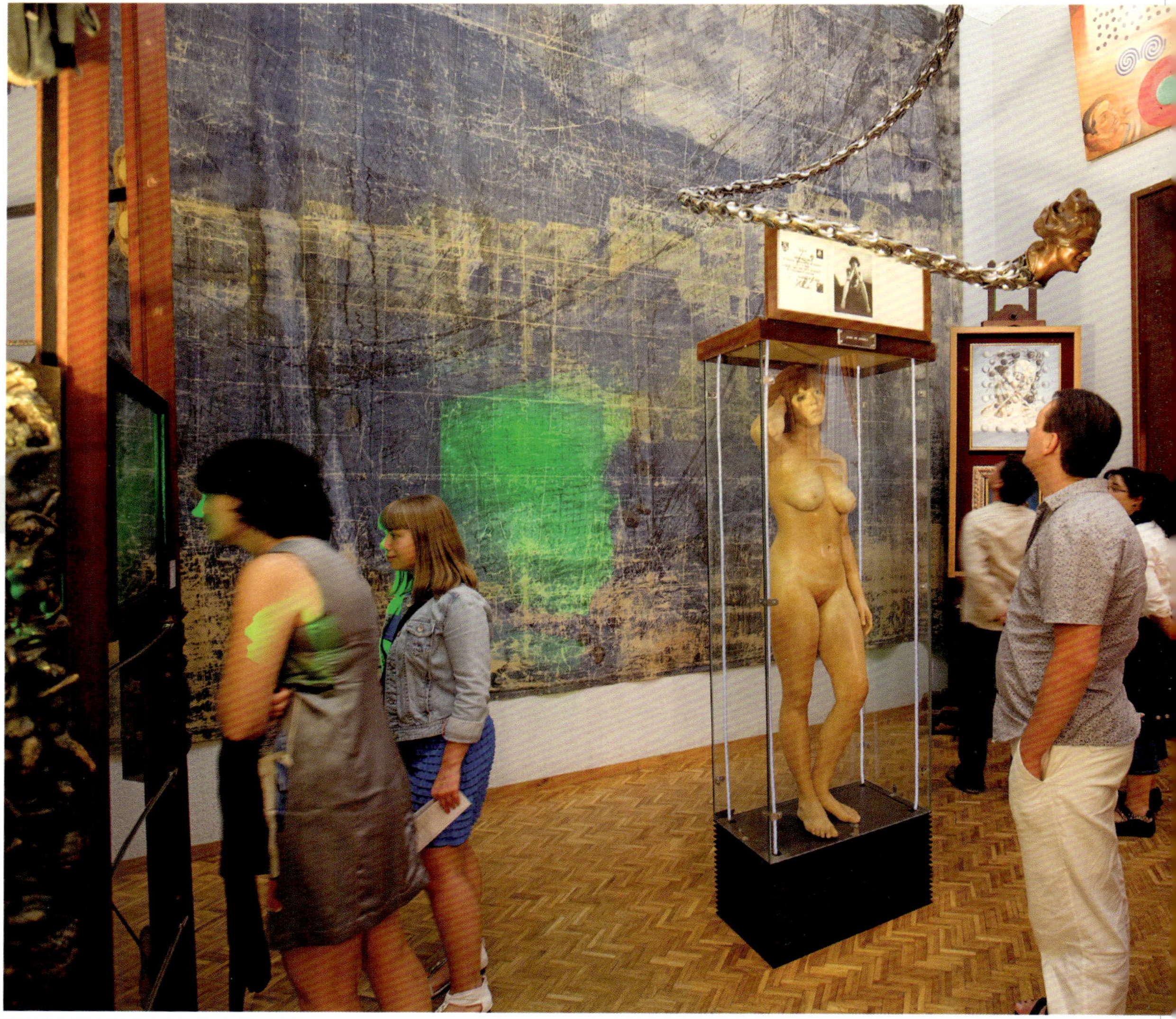

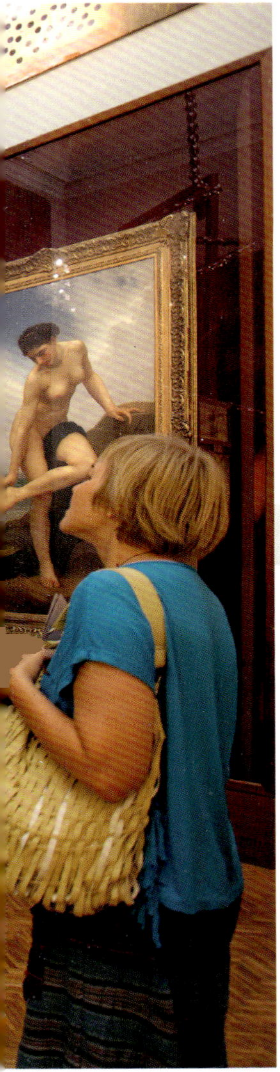

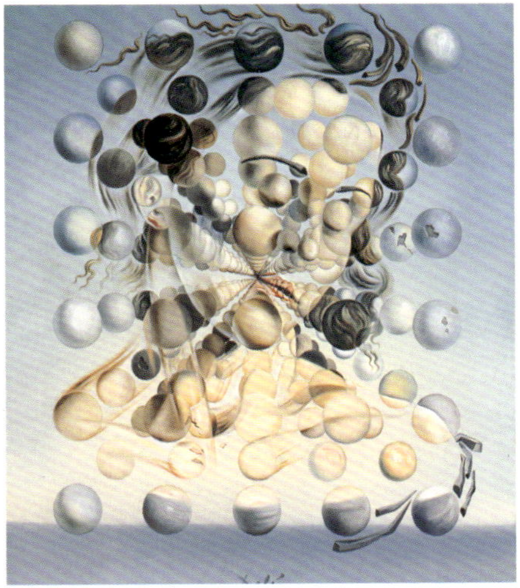

«Галатея сфер», 1952 г.

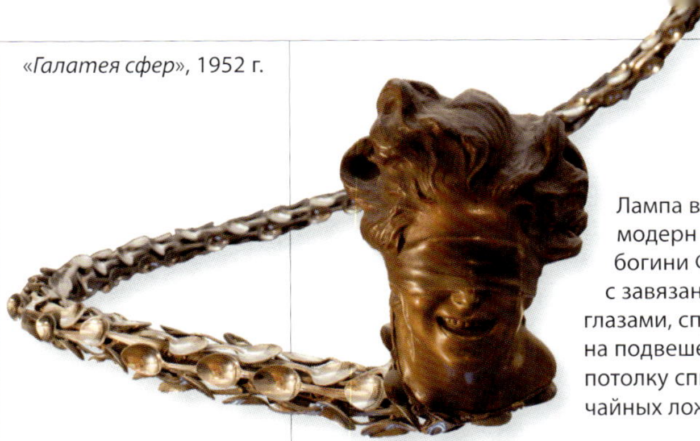

Лампа в стиле модерн с головой богини Фортуны с завязанными глазами, спускающаяся на подвешенной к потолку спирали из чайных ложек.

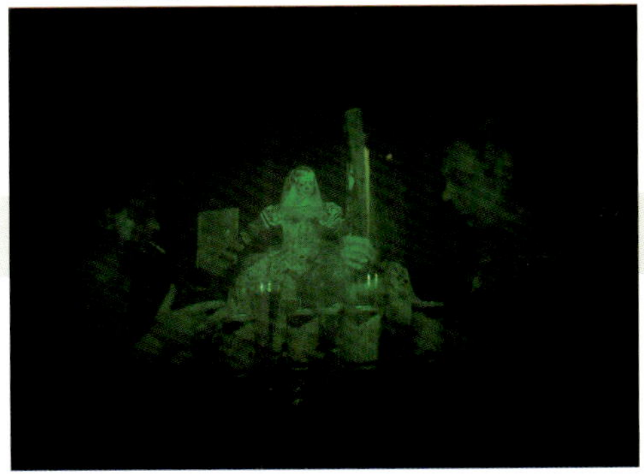

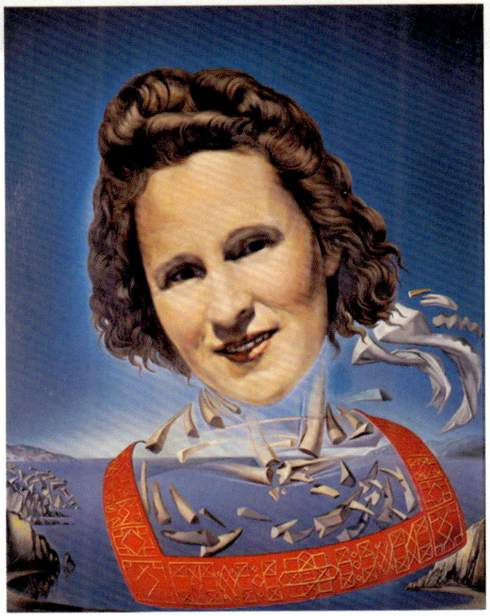

«Портрет Гала с симптомами оносороживания», 1954 г.

Голограмма
«Холос! «Холос! Веласкес! Габор!», ок. 1972-73 гг.
Дали утверждал, что со времен Веласкеса художников интересовала трехмерная реальность.

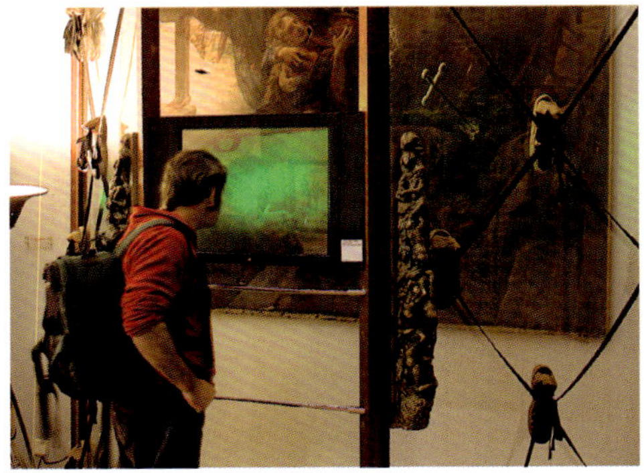

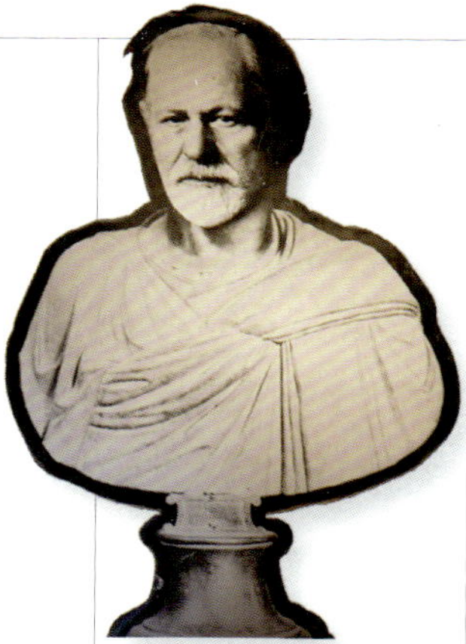

Музей Дали, безусловно, был бы неполон без Зигмунда Фрейда и его толкования природы снов. Дали оставляет свидетельства своей встречи с Фрейдом в Лондоне.

Раскладная прозрачная перегородка с инсталляцией «*Кибернетическая принцесса*» внизу (на фотографии справа).

14 БАШНЯ ГАЛАТЕИ

Последняя из новых пристроек музея, оформленная в более строгом музейном духе, где можно посетить Зал Оптических иллюзий (вспомним, что Дали с детства страстно увлекался оптическими эффектами, рассчитанными на зрительное восприятие), а также ознакомиться с приобретениями Фонда «Гала-Сальвадор Дали» и последними работами художника. Именно у последней картины Дали «*Ласточкин хвост и виолончель (серия Катастрофы)*» 1983 г., рядом с лестницей, ведущей к выходу, мы прощаемся с музеем.

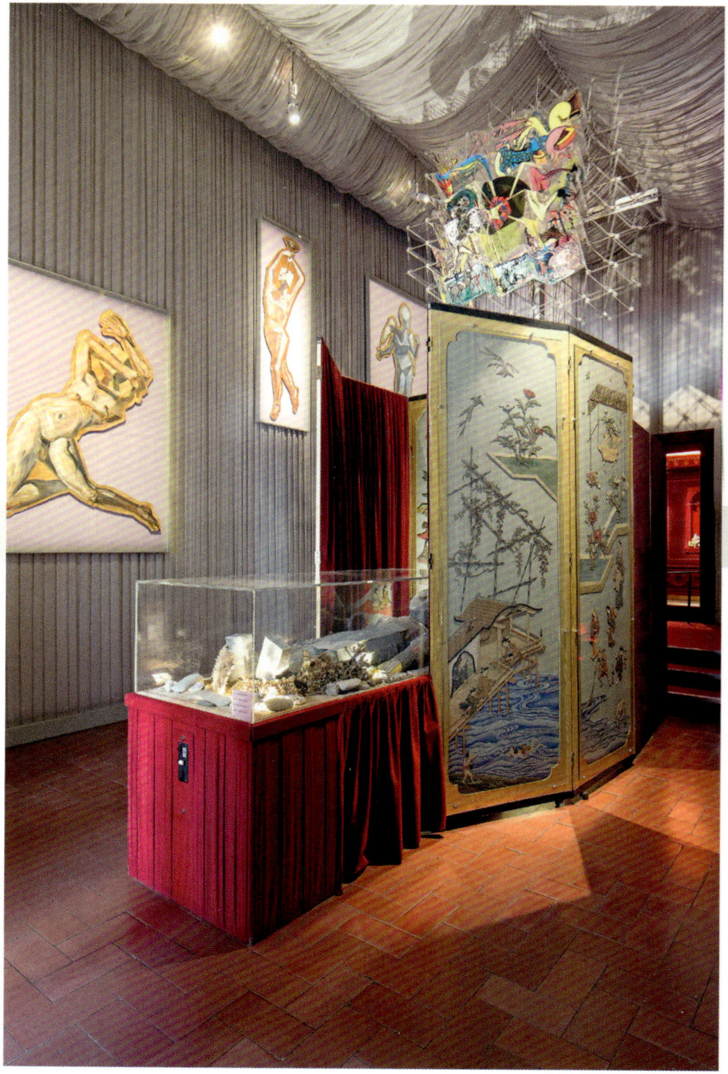

Раскладная перегородка, плод сотрудничества Дали и архитектора Эмилио Переса Пинейро. Эта перегородка, так и оставшаяся в макете, предназначалась для входа на сцену со стороны двора.

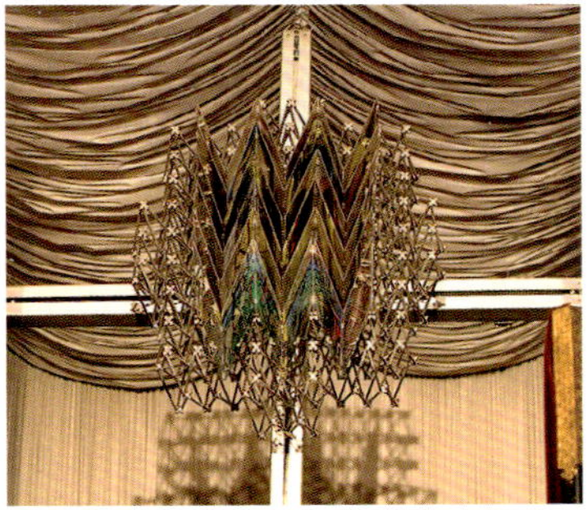

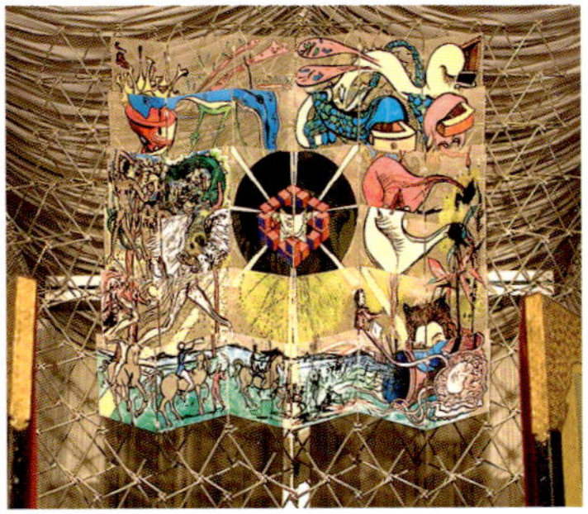

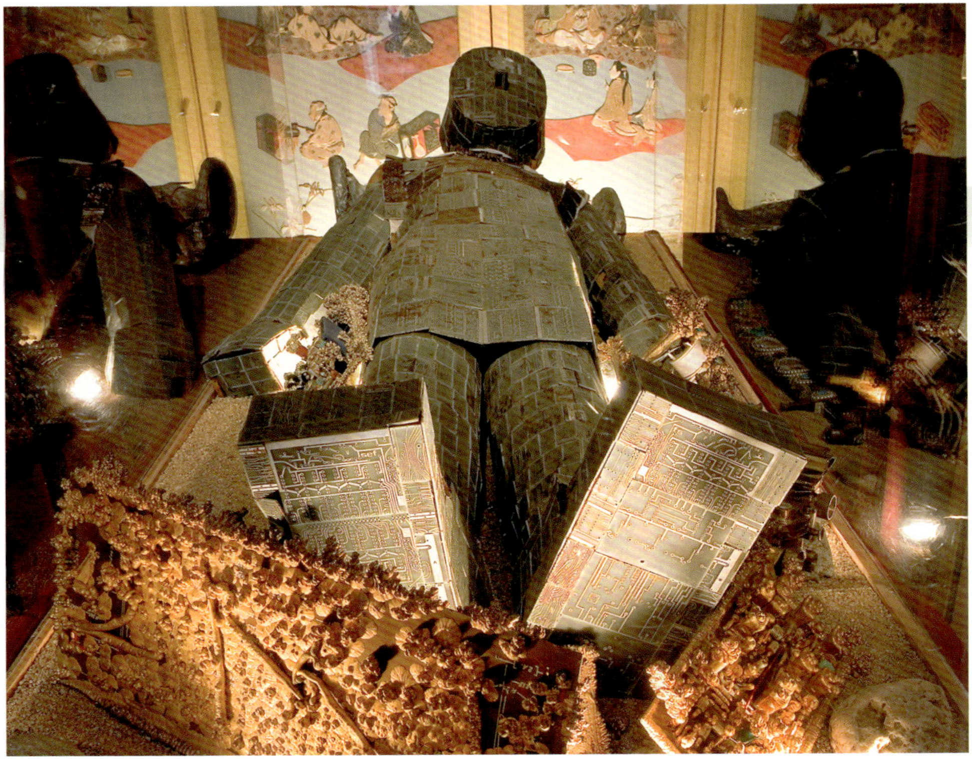

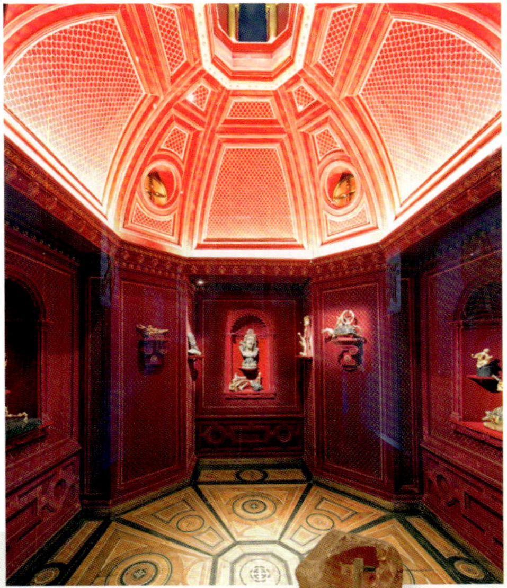

Темпьетто
Копия инсталляции «*Темпьетто Браманте*», в которой экспонируются ювелирные изделия, созданные по эскизам Дали в 70-х годы, среди которых стоит отметить «*Христа Лимпиасского*».

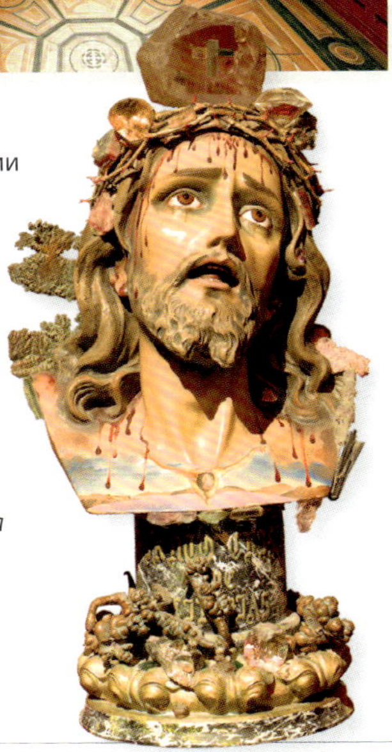

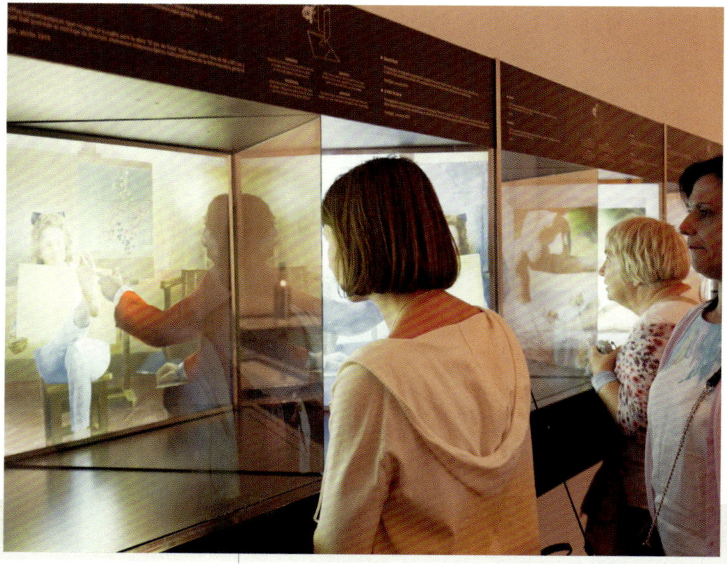

Оптические эффекты
Зал, посвященный оптическим и зрительным эффектам и попыткам запечатлеть неподдающиеся определению образы времени.

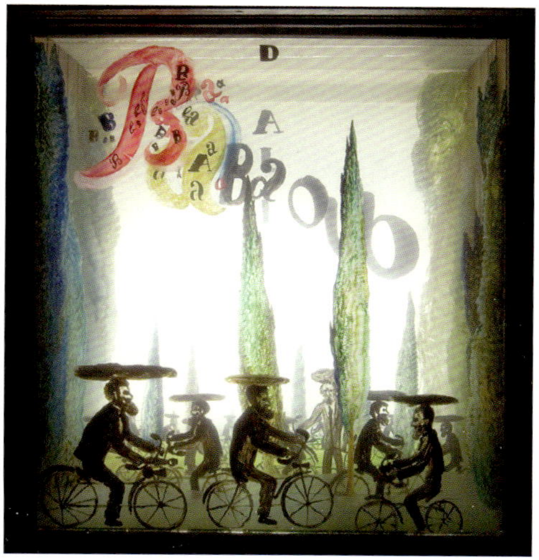

«Бабауо»
Макет сцены со стеклянными панно, разрисованными масляной краской.

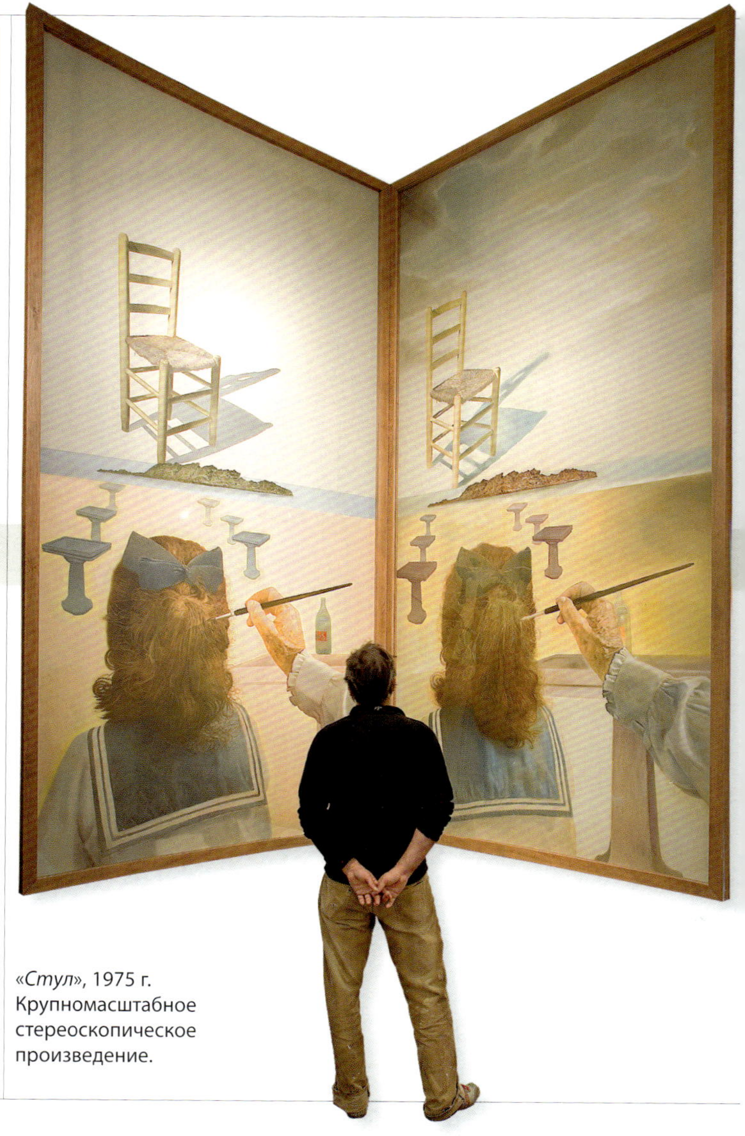

«*Стул*», 1975 г. Крупномасштабное стереоскопическое произведение.

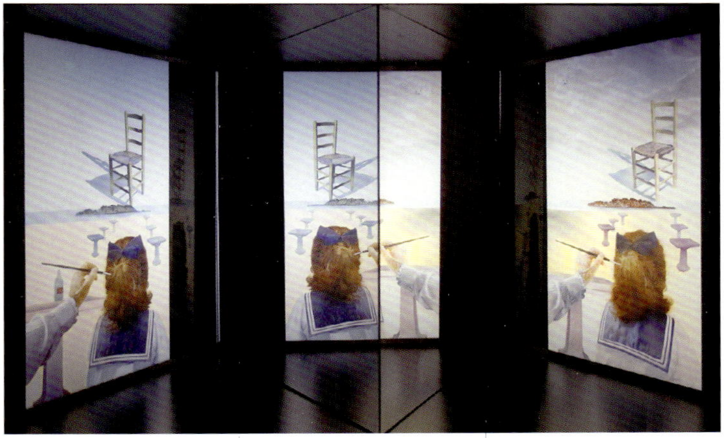

Стереоскопия

«Стереоскопия дарует геометрии бессмертие и истинность, поскольку благодаря ей нам становится доступным третье измерение сферы».

С. Дали, *«Десять рецептов бессмертия»*.

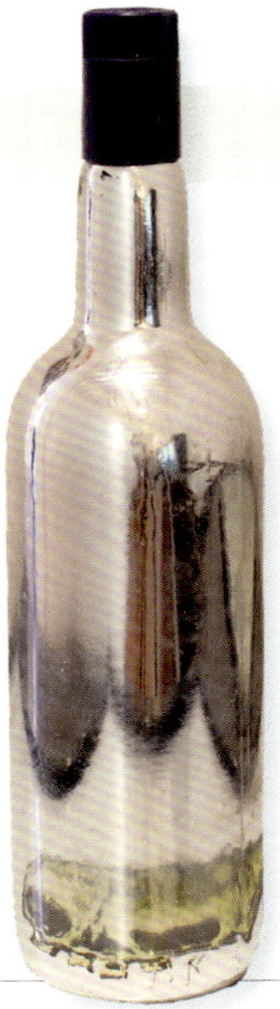

Эффект анаморфозы,

проявляющийся в зеркальной поверхности бутылки пунша.

С детских лет Дали питал страсть к явлениям, связанным с чувством зрения, и во имя создания особого восприятия чувственного мира не боялся менять и приспосабливать живописную технику к самым выдающимся открытиям научно-технического прогресса.

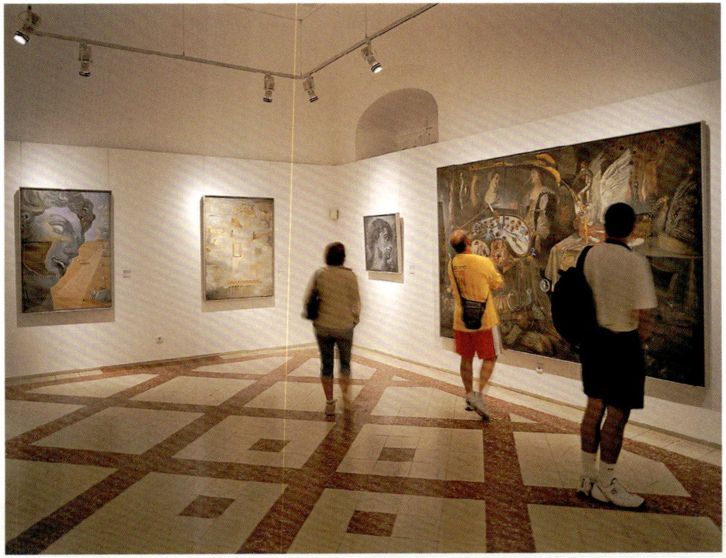

Ночь

В июле и августе музей можно посетить ночью, когда вас угостят бокалом розового игристого вина из Пералады.

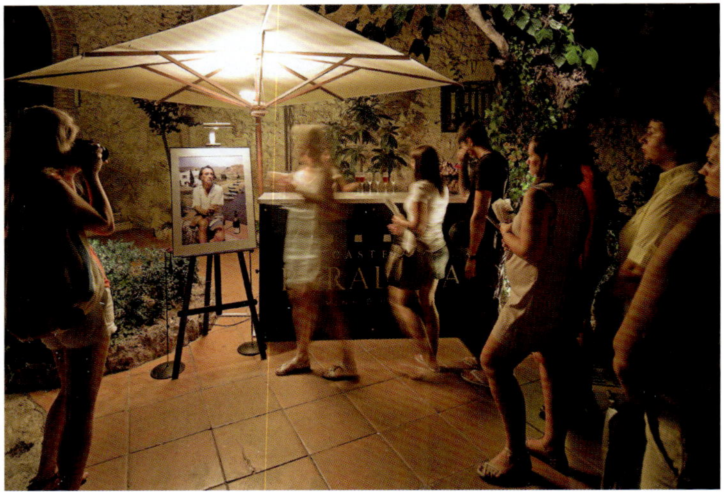

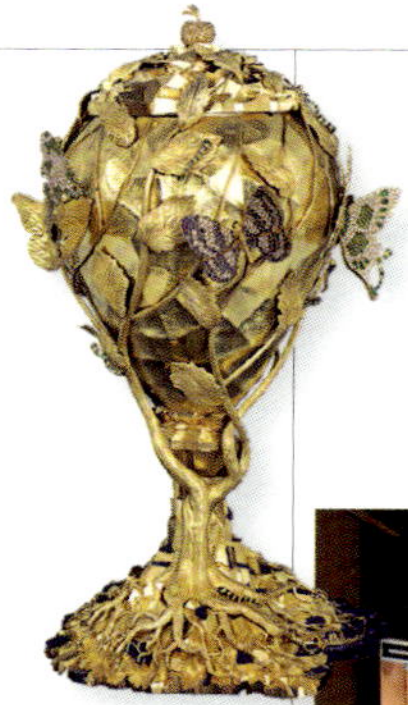

«Потир жизни», 1965 г. Ювелирное изделие с электронным устройством, воспроизводящее потир Святой Терезы Авильской.

«Апофеоз доллара», 1965 г. – компендиум наиболее значимых символов, мифов и навязчивых идей Дали на протяжении всей его жизни.

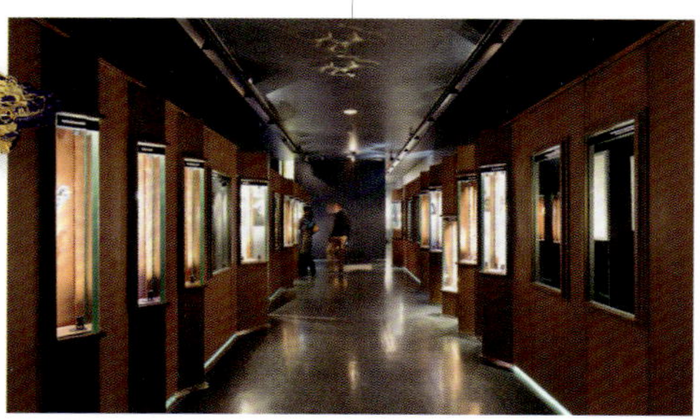

15 ЮВЕЛИРНЫЕ РАБОТЫ

В 1999 г. фонд «Гала-Сальвадор Дали» выкупил у американского Фонда Оуэна Четэма коллекцию ювелирных изделий Дали, которая вместе с эскизами была размещена в новых залах со специально приглушенным освещением. Дали считал, что без зрителей ювелирные работы не могут выполнять свою миссию – услаждать взор, поднимать дух, пробуждать воображение и выражать убеждения. Так, зритель становится вдыхающим в них жизнь последним творцом.

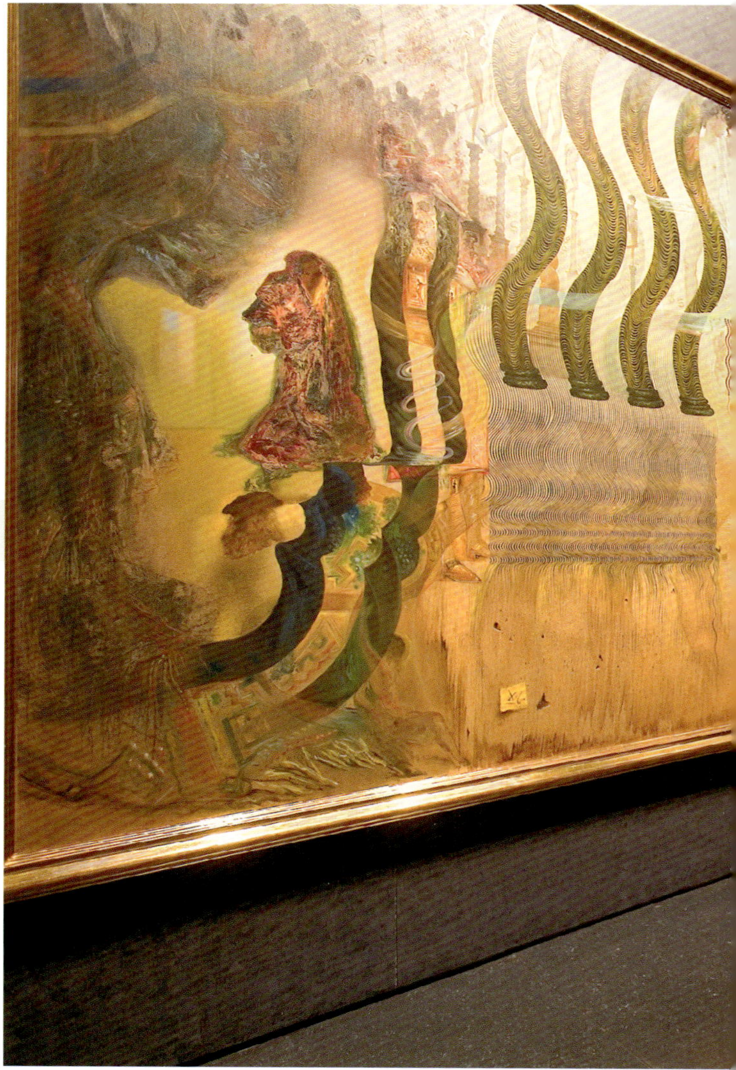

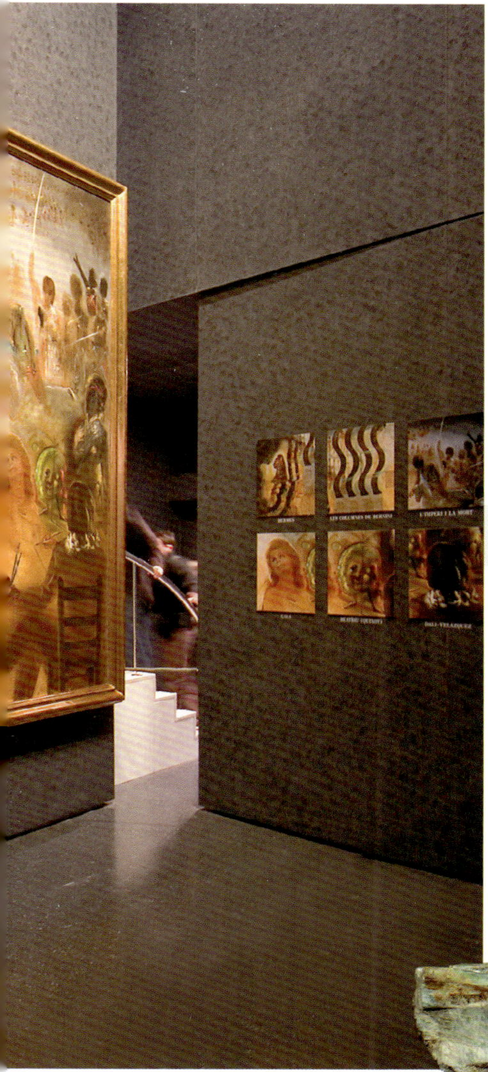

«Pax Vobiscum», 1968 г.

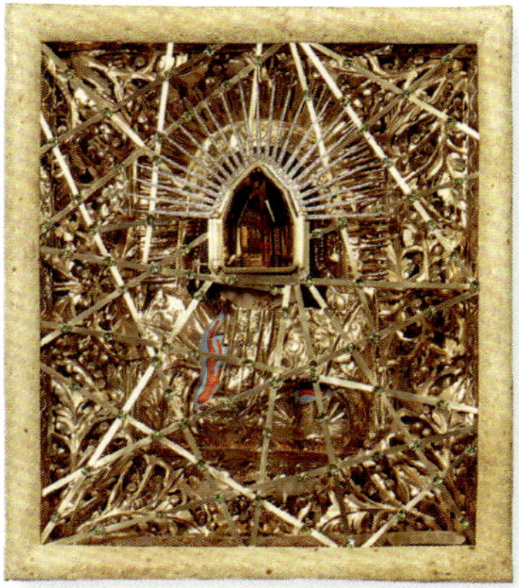

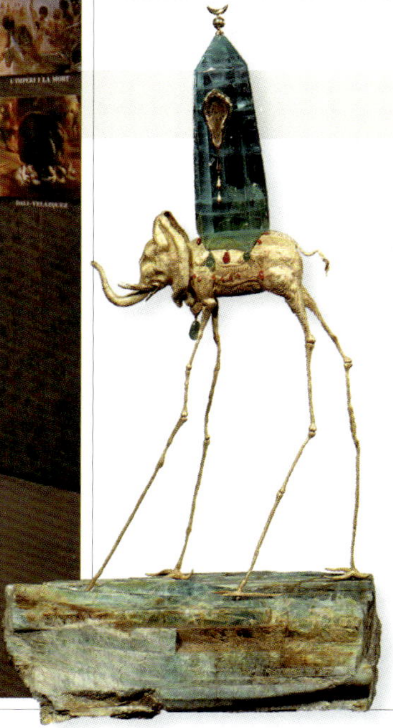

«Космический слон», 1961 г.

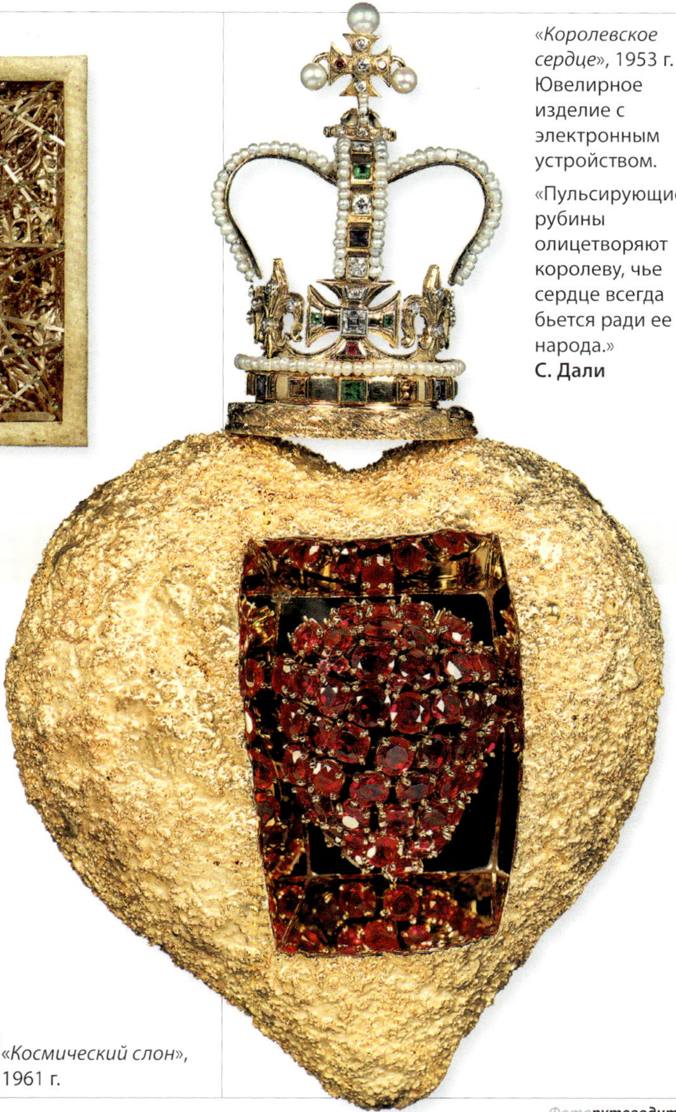

«Королевское сердце», 1953 г. Ювелирное изделие с электронным устройством.

«Пульсирующие рубины олицетворяют королеву, чье сердце всегда бьется ради ее народа.»
С. Дали

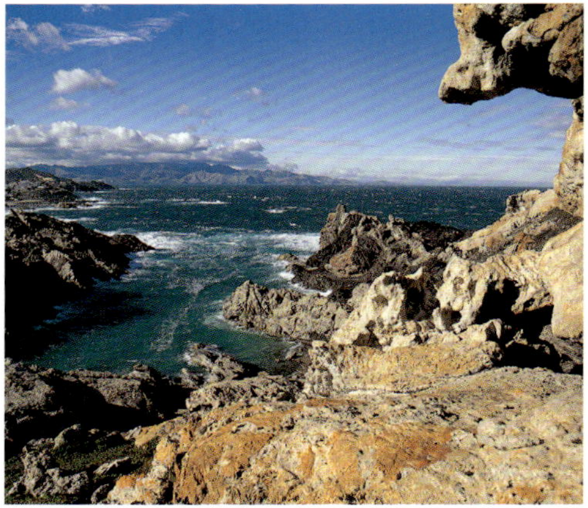

Бухта Кульеро, Мыс Креус

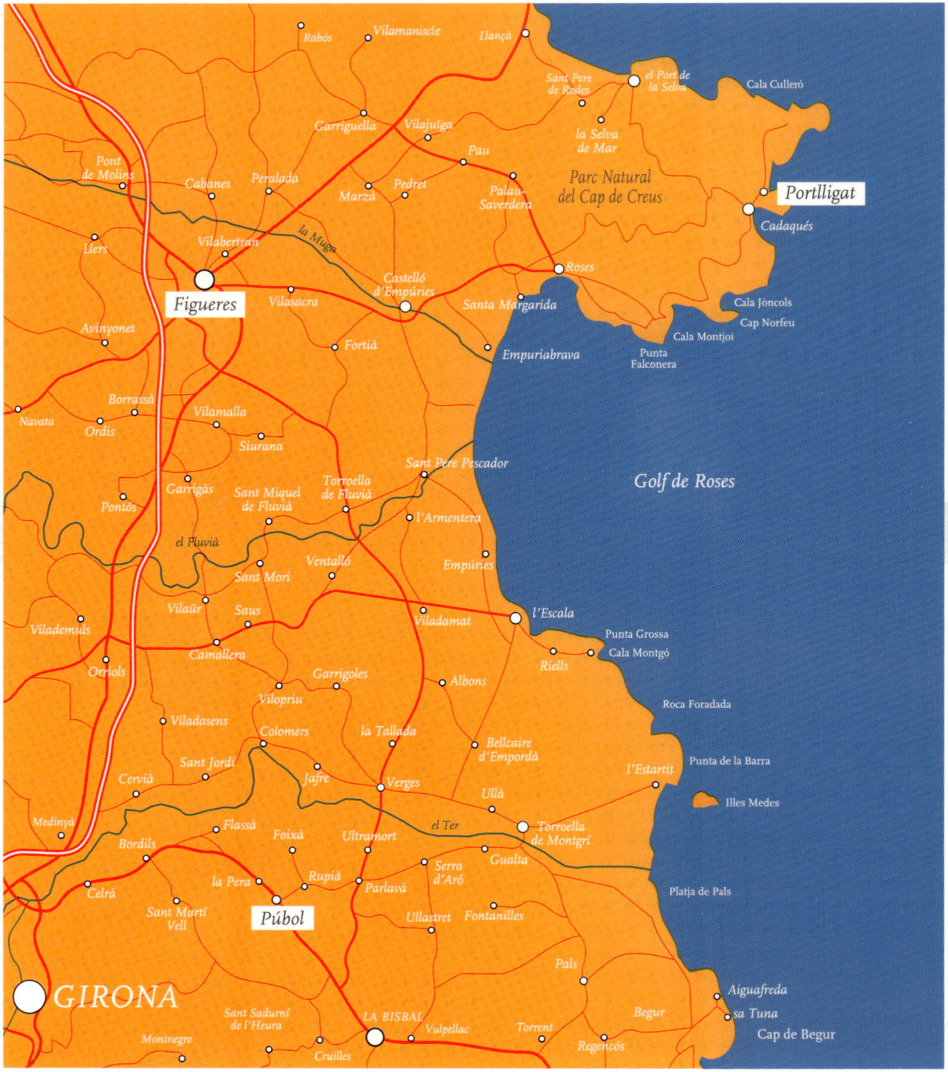

ТРЕУГОЛЬНИК ДАЛИ

Сальвадор Дали неразрывно связан с пейзажем родных мест, он – его неотъемлемая часть. Художник утверждал: «Мыс Креус – это я». Поэтому, чтобы смочь по-настоящему понять его художественную образность, необходимо посетить все три места, составляющих треугольник Дали: дом в Порт-Льигате – единственное постоянное место жительства художника, где он задумал и создал многие из своих произведений, преисполнившись светом и пейзажем мыса Креус; замок Пуболь, подаренный им Гала, в котором он жил с 1982 по 1984 г., и, конечно же, Театр-Музей Сальвадора Дали в Фигерасе.